Sandra Sommerfeld

Dem Winter auf der Spur

Ideen, Materialien und Aktionen

Sandra Sommerfeld

Dem Winter
auf der Spur

Ideen, Materialien
und Aktionen

FREIBURG · BASEL · WIEN

Die Autorin

Sandra Sommerfeld ist Sozialpädagogin, Erzieherin und Fachkraft für Psychomotorik. Sie verfügt über langjährige Erfahrungen im Kindertagesstättenbereich.

Gedruckt auf umweltfreundlichem, chlorfrei gebleichtem Papier
Umschlaggestaltung: Büro MAGENTA, Freiburg
Illustrationen: Anne Wöstheinrich und Sylvia Saldarriaga, Münster
Layoutentwurf und Produktion: HellaDesign, Emmendingen
Lektorat: Cornelia Schönfeld, Freiburg

www.herder.de
Druck und Bindung: fgb · freiburger graphische betriebe 2008
www.fgb.de
ISBN: 978-3-451-32153-5

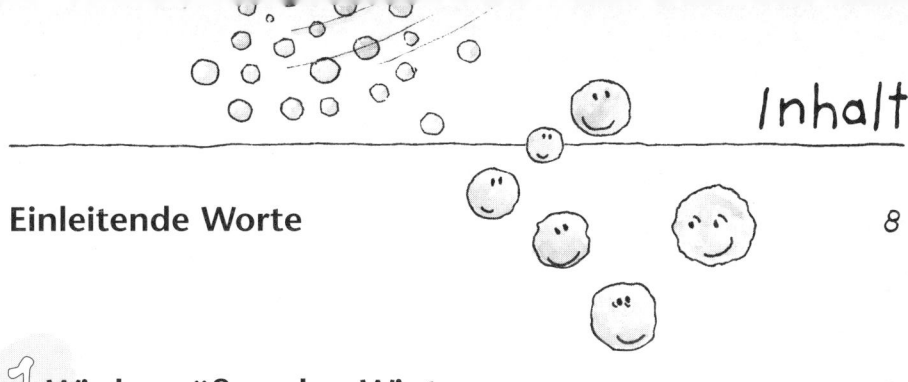

Inhalt

Einleitende Worte

Die vierte Jahreszeit wird oft verbunden mit kurzen, dunklen Tagen, frostigen Temperaturen und trister, kahler Natur. Manche Menschen sind im Winter niedergeschlagen und antriebsschwächer als sonst.

Doch auch der Winter hat seine reizvollen Seiten, die es zu erkunden lohnt. Obgleich sich viele Aktivitäten im Haus anbieten, sollten Sie mit den Kindern auch die verschneite und vereiste Winterlandschaft entdecken. Gehen Sie gemeinsam auf Entdeckungstour, um die scheinbar schlafende Natur und ihre typischen Wettererscheinungen zu erforschen. Lassen Sie die Kinder Schnee, Eis und Reif auf verschiedene Weise erfahren. Machen Sie ihnen auch die großen Temperaturunterschiede bewusst, die sie beim Wechsel aus der eisigen Kälte ins warme Haus durchleben. Somit bietet auch die kälteste Jahreszeit viele Möglichkeiten, alle Sinne anzuregen.

Durch die unterschiedlichen Angebote können die Kinder die Winterzeit ganzheitlich erleben. Sie erlangen Einsicht in natürliche Lebenszusammenhänge und lernen somit die Natur schätzen. Verbinden Sie das Erleben der Naturveränderungen mit den Erfahrungen und Gefühlen der Kinder. Greifen Sie während der Projektwochen stets ihre Fragen und Impulse auf, denen Sie gemeinsam nachgehen sollten.

Das vorliegende Buch möchte Sie auf Ihrem Weg durch den Winter begleiten und mit vielen Anregungen unterstützen. Es ist der vierte und letzte Band einer Jahreszeiten-Reihe, die voller Spielideen, Informationen, Experimente, Gestaltungsanregungen und Tipps für kleine Forscher steckt. Jeder Band möchte Ihnen Lust machen, gemeinsam mit den Kindern die Besonderheiten der jeweiligen Jahreszeit mit vielseitigen Aktivitäten aufzuspüren.

Zu Beginn jedes Angebots finden Sie Empfehlungen zu Alter, Gruppengröße, Ort und benötigtem Material. Eine weitere Orientierungshilfe bieten Ihnen die Hinweise auf die zentralen Bildungsbereiche der Elementarpädagogik. So stehen die einzelnen Bildungsbereiche für besondere Förderschwerpunkte, die in ihrer Gesamtheit dem Prinzip der ganzheitlichen Förderung folgen.

- **Natur, Lebenswelt und Technik:** Die Erkundung der Jahreszeiten bietet vielfache Möglichkeiten der kindgerechten Wissensvermittlung. So wird den Kindern bei Exkursionen in die Natur oder bei der Erkundung von Wetterphänomenen ein umfassendes Verständnis für ihre Lebenswelt vermittelt, während sie gleichzeitig verschiedene Techniken des selbstständigen Lernens kennen lernen.

– **Sprachliche Bildung:** Kinder wollen und müssen ihre vielfältigen Beobachtungen, Erfahrungen und Eindrücke kommunizieren. Sie wollen ihr Wissen austauschen, ihre Gedanken, ihre Visionen und Zweifel mitteilen. Sie wollen in Gesprächen ihre Ergebnisse präsentieren, vergleichen und bewerten.

– **Wahrnehmung und Bewegung:** Spiele, Massagen, Traumreisen und Erkundungstouren in die Natur fördern die Konzentration, die Ausdauer, die Wahrnehmung und die Körperbeherrschung der Kinder.

– **Ästhetisch-kreative Bildung:** Bei der spielerischen und kreativen Auseinandersetzung mit Schnee und Eis stellen die Kinder die Jahreszeiten so dar, wie sie sie sehen und empfinden.

– **Sozial-emotionale Bildung:** Beim gemeinsamen Faschingsfest feiern die Kinder ausgelassen eines der typischen und beliebtesten Winterfeste. Zusammen erstellen sie Kostüme, die sie anregen, in verschiedene Rollen zu schlüpfen und miteinander zu spielen.

Stimmen Sie die Aktionen auf die Kinder Ihrer Gruppe ab und kombinieren, verändern oder ergänzen Sie diese durch eigene Ideen. Das Buch ist sowohl für pädagogische Fachkräfte in der Kita, in der freien Gruppen- und Projektarbeit, als auch für Lehrkräfte an Grundschulen sowie für interessierte Eltern gedacht. Egal, für welchen Bereich Sie das Buch nutzen möchten, begeben Sie sich mit den Kindern auf eine Erlebnis- und Erkundungsreise durch den Winter und lassen Sie sich von den Jahreszeiten verzaubern.

Ich wünsche Ihnen eine fröhliche und erlebnisreiche Winterzeit

Sandra Sommerfeld

Wir begrüßen den Winter

In unseren Breitengraden ist der Winter die kälteste Jahreszeit von allen. Er beginnt astronomisch gesehen am 21./22. Dezember mit der Wintersonnenwende, wenn die Sonne senkrecht über dem südlichen Wendekreis steht und der Tag am kürzesten ist. Nach der Wintersonnenwende werden die Tage wieder länger und die Nächte kürzer. Am 20./21. März endet der Winter mit der Frühlingstagundnachtgleiche.

Für Meteorologen dauert diese Jahreszeit vom 1. Dezember bis zum 28./29. Februar, denn sie ordnen den Jahreszeiten die vollen Kalendermonate zu. Phänologen führen ebenfalls einen eigenen Kalender. Sie orientieren sich an den jahreszeitlichen Erscheinungen in der Pflanzen- und Tierwelt.

Angebote zur Einstimmung

Der Winter bietet viele interessante Phänomene und Naturschauspiele. So können die Kinder in den frühen Abendstunden unzählige Sterne am wolkenfreien Himmel beobachten und am Tag viele interessante Besonderheiten entdecken, die typisch für den Winter sind.

Im Winter mag ich besonders ...

- **Bildungsbereich:** Sprachliche Bildung
- **Alter:** ab 5 Jahre
- **Anzahl:** unbegrenzt
- **Ort:** draußen und drinnen

Die Einstiegsfrage »Was mögt ihr am Winter besonders gerne?« regt die Kinder zur aktiven Auseinandersetzung mit dem Thema an. Gleichzeitig lernen sie, ihre Gedanken verbal auszudrücken und anderen mitzuteilen. Auf diese Weise erfahren Sie, was die Kinder über den Winter wissen, was sie mit dieser Jahreszeit verbinden und was ihnen in den Wintermonaten wichtig ist. Nutzen Sie dieses Wissen, diese Vorstellungen und Interessen der Kinder als Anknüpfungspunkte für die weitere Auseinandersetzung mit diesem Thema.

Winter- oder Sommerkleidung?

- **Bildungsbereich:** Natur, Lebenswelt, Technik
- **Alter:** ab 3 Jahre
- **Anzahl:** unbegrenzt
- **Ort:** drinnen
- **Material:** Koffer, verschiedene Kleidungsstücke für den Winter und den Sommer

Bilden Sie mit den Kindern einen Sitzkreis und legen Sie in die Mitte einen Koffer, der mit typischen Winter- und Sommerkleidungsstücken gefüllt ist. Aufgabe der Kinder ist nun, die Kleidung zu sortieren. Nacheinander nimmt jedes Kind ein Kleidungsstück aus dem Koffer und legt es auf den Stapel mit

den Sommer- oder den Wintersachen. Dabei begründen sie, weshalb sie es der einen oder der anderen Jahreszeit zuordnen. Wer möchte, darf die Kleidung später anprobieren.

Kleidungsstoffe kennen lernen

- **Bildungsbereich:** Natur, Lebenswelt, Technik
- **Alter:** ab 4 Jahre
- **Anzahl:** unbegrenzt
- **Ort:** drinnen
- **Material:** Stoffmuster aus Wolle, Samt, Seide, Baumwolle, Goretex, Polyester und anderen Materialien, verschiedene Kleidungsstücke

Besuchen Sie mit den Kindern ein Stoffgeschäft oder eine Schneiderei und fragen Sie dort nach Stoffmustern oder Schnittresten. Am besten vereinbaren Sie vorab einen Termin, damit den Kindern die verschiedenen Stoffe erklärt werden können. Sie werden staunen, wie viele verschiedene Stoffe es gibt. Zurück in der Einrichtung begutachten sie die Stoffe nach verschiedenen Kriterien:

- Sie befühlen die Stoffe ausgiebig.
- Sie legen die Stoffe auf die Haut und testen, wie schnell sie wärmen.
- Sie sortieren die Stoffe in wärmende und nicht wärmende Stoffe.
- Sie wählen Stoffe für Winterkleidung aus und begründen ihre Wahl.
- Sie benennen die einzelnen Stoffmuster mit Begriffen wie Wolle, Baumwolle, Seide, Samt oder Polyester.

Nachdem die Kinder mit den verschiedenen Stoffen vertraut sind, können sie sicherlich auch die Materialien ihrer Kleidung richtig benennen.

Dunkle Jahreszeit

- **Bildungsbereich:** Natur, Lebenswelt, Technik / Wahrnehmung und Bewegung
- **Alter:** ab 5 Jahre
- **Anzahl:** unbegrenzt
- **Ort:** draußen und drinnen
- **Material:** Papier, Stifte

Typisch für den Winter sind die kurzen Tage und die langen Nächte. An einigen Tagen entsteht der Eindruck, als würde es nicht gar richtig hell werden. Beobachten Sie mit den Kindern über einen längeren Zeitraum, wann es hell und wieder dunkel wird. Da die Kinder zumeist noch kein gutes Zeitgefühl haben, ist es hilfreich, wenn sie sich an ihrem Tagesablauf orientieren und ihre Beobachtungen auf ihre Erfahrungswelt übertragen.

- Ist es morgens noch dunkel oder schon hell, wenn die Kinder aufstehen, frühstücken, in den Kindergarten gehen oder im Stuhlkreis zusammenkommen?
- Ist es am Nachmittag noch hell oder schon dunkel, wenn die Kinder einen Nachmittagssnack einnehmen, sich von ihren Freunden verabschieden, Abendbrot essen oder ins Bett gehen?

Zum Abschluss der Beobachtungsphase malt jedes Kind zwei Bilder. Auf jeweils einem Bild sollen die Aktivitäten bei Helligkeit und bei Dunkelheit dargestellt werden. Im gemeinsamen Kreis stellen die Kinder ihre Bilder den anderen vor und vergleichen diese miteinander.

Spaziergänge im Winter

- **Bildungsbereich:** Natur, Lebenswelt, Technik / Sprachliche Bildung / Ästhetisch-kreative Bildung
- **Alter:** ab 3 Jahre
- **Anzahl:** unbegrenzt
- **Ort:** draußen und drinnen
- **Material:** Digitalkamera, Drucker, Papier, Tonkarton, Scheren, Papier, Stifte, Klebstoff

Befragen Sie die Kinder, woran sie erkennen, dass nun Winter ist. Schreiben Sie alle Aussagen mit. Bei der anschließenden Exkursion suchen die Kinder typische Wintermerkmale und halten diese mit der Digitalkamera fest. Später wählen sie die schönsten Fotos für den Druck aus und gestalten damit eine Gemeinschaftscollage. Das Kunstwerk wird für alle gut sichtbar im Gruppenraum aufgehängt.

Wintersportarten

- **Bildungsbereich:** Sprachliche Bildung
- **Alter:** ab 4 Jahre
- **Anzahl:** unbegrenzt
- **Ort:** drinnen
- **Material:** Schlittschuhe, Gleitschuhe, Schnee-
  brille, Schlitten, Skistöcke, Fotos von Wintersport-
  zubehör

Legen Sie alle Ausrüstungsgegenstände und Fotos
auf einen Tisch. Wer kann erklären, für welche
Sportarten die verschiedenen Gegenstände
gebraucht werden? Die Kinder nennen
möglichst auch die richtigen Begriffe
für die entsprechenden Ausrüstungsgegenstände und beschreiben, wie
diese genutzt werden. Wer kennt
weitere Wintersportarten?

Beobachtungen am sternenklaren Winterhimmel

- **Bildungsbereich:** Natur, Lebenswelt, Technik / Wahrnehmung und
  Bewegung / Sozial-emotionale Bildung
- **Alter:** ab 3 Jahre
- **Anzahl:** unbegrenzt
- **Ort:** draußen
- **Material:** Isomatten, Decken, warme Getränke und Trinkbecher, Kekse

Im Winter ist es schon sehr früh dunkel. Nutzen Sie diese Gelegenheit zu
einem Abendspaziergang bei sternenklarem Himmel. Nicht nur für die jüngeren Kinder wird diese Exkursion im Dunkeln zu einem besonderen
Erlebnis werden. Damit die Wetterbedingungen stimmen, bedarf es für dieses Angebot einer flexiblen Planung. Wählen Sie einen Ort aus, an dem
möglichst wenig oder gar keine anderen Lichtquellen vorhanden sind.
Bitten Sie die Eltern um ausreichend warme Kleidung für die Kinder, damit
sie bei einem längeren Aufenthalt im Freien nicht zu frieren beginnen.

Wir begrüßen den Winter

Suchen Sie einen geeigneten Platz auf, an dem die Kinder ihre Isomatten oder ähnliche wasserfeste Unterlagen und ihre Decken ausbreiten können. Danach machen es sich alle bequem und blicken in den faszinierenden Sternenhimmel. Lassen Sie die vielen schimmernden Lichter am Himmelszelt auf die Kinder einwirken und warten Sie auf ihre Reaktion. Intensivieren Sie das Erlebnis mit gezielten Fragen:

- Wer entdeckt den hellsten Stern?
- Wer entdeckt eine Sternschnuppe?
- Welche Form haben die Sterne? Haben sie wirklich Zacken?
- Wie viele Sterne könnt ihr zählen? Lassen sie sich überhaupt zählen?

Überraschen Sie die Kinder zum Abschluss der Sternenexkursion mit einem kleinen Picknick, bei dem es warme Getränke und leckere Kekse gibt.

Winterrätsel

- **Bildungsbereich:** Sprachliche Bildung
- **Alter:** ab 4 Jahre
- **Anzahl:** unbegrenzt
- **Ort:** drinnen

Lassen Sie die Kinder in gemütlicher Atmosphäre bei Kerzenschein, Nüssen und heißem Kakao einige Winterrätsel lösen:

Ein weißer Mann steht einsam und still,
doch ins warme Haus, er auf keinen Fall will. (Schneemann)

Im Winter fallen sie vom Himmel herab,
wirbeln vergnügt auf und ab.
Hüpfen auch auf deine Nas,
zergehen sofort, was ist denn das? (Schneeflocken)

Im Winter füllen wir ein kleines Haus.
Da fliegen Besucher ein und aus. (Vogelhaus)

Pflanzen im Winter

Wie jede Jahreszeit hat auch der Winter seine ganz eigenen Reize. Bei Unternehmungen können Sie mit den Kindern nicht nur verschneite Bäume und Sträucher entdecken, sondern auch grüne oder blühende Pflanzen wie Tannen, Immergrün, Barbarazweige, Christrosen und Misteln. Weitere Farbtupfer in der verschneiten Landschaft bieten die zahlreichen Vogelnährgehölze, die mit ihren winterlichen Früchten hungrige Vögel anlocken und zu spannenden Beobachtungen einladen.

Winterliche Pflanzenwelt

Erleben Sie mit den Kindern bewusst den Winter, der gar nicht so karg und trist ist, wie allgemein angenommen. Auch in dieser Jahreszeit gibt es grüne Blätter, blühende Pflanzen oder Früchte tragende Bäume.

Trostloser kahler Winter?

- **Bildungsbereich:** Natur, Lebenswelt, Technik / Wahrnehmung und Bewegung
- **Alter:** ab 3 Jahre
- **Anzahl:** unbegrenzt
- **Ort:** draußen
- **Material:** Pflanzenbestimmungsbücher

Bei Ausflügen in den Garten, im Park oder im Wald suchen die Kinder nach Pflanzen, die Blätter oder Blüten tragen. Führen Sie im Verlauf des Winters mehrere der Unternehmungen durch. Zu Beginn dieser Jahreszeit werden die Kinder wahrscheinlich andere Pflanzen wahrnehmen als zum Ende. Für ihre Erkundungen werden auch die aktuellen Wetterverhältnisse von Bedeutung sein. Wenn der Winter mild ist und wärmere Temperaturen vorherrschen, könnten die Pflanzen bereits in dieser Jahreszeit ihr Frühlingsgesicht zeigen. Erkunden Sie mit den Kindern folgende Pflanzen:

- Immergrün
- Nadelbäume
- Knollen- und Zwiebelgewächse wie Schneeglöckchen, Krokusse, Winterlinge, Tulpen und Narzissen
- blühende Gehölze wie Forsythie, Salweide, echter Jasmin oder Winterschneeball
- Christrosen, Alpenveilchen

Die Farben des Winters

- **Bildungsbereich:** Natur, Lebenswelt, Technik / Wahrnehmung und Bewegung / Sprachliche Bildung
- **Alter:** ab 4 Jahre
- **Anzahl:** Kleingruppen à 3-6 Kinder
- **Ort:** draußen
- **Material:** Pflanzenbestimmungsbücher, für jede Gruppe 1 Digitalkamera, ausgedruckte Fotos, Papier, Stifte

An einem schnee- und eisfreien Tag suchen die Kinder in Kleingruppen nach den Farben des Winters. Die beste Zeit für diese Exkursion ist Ende Februar oder Anfang März, wenn sich die ersten Pflanzen zeigen.

Jede Gruppe soll nach Pflanzen mit einer Farbe suchen und diese mit der Kamera oder selbst gemalten Bildern festhalten. So finden die Kinder, die nach grünen Pflanzen Ausschau halten, beispielsweise Efeu, Gras, Koniferen und Nadelhölzer. Die »gelbe« Gruppe trifft möglicherweise auf die gelb gefärbten Nadeln der Scheinzypresse, auf Winterlinge oder die duftenden Blüten der immergrünen Schmuckblatt-Mahonie. Die Gruppe, die nach Rosa- und Rottönen sucht, findet Winterheide, Christrosen und Alpenveil-chen. Mit Hilfe von Bestimmungsbüchern suchen die Kinder nach den Namen und Merkmalen der gefundenen Pflanzen.

Bunte Wintercollagen

- **Bildungsbereich:** Ästhetisch-kreative Bildung / Natur, Lebenswelt, Technik
- **Alter:** ab 4 Jahre
- **Anzahl:** Kleingruppen à 3-6 Kinder
- **Ort:** drinnen
- **Material:** grünen, gelben und rosa Tonkarton, Tonpapierreste, Klebstoff, Scheren, Stifte, Glitzer, Blätter, Blüten und andere Naturmaterialien

Aufbauend auf das vorherige Angebot finden sich die Kleingruppen erneut zusammen und erstellen für ihre Winterfarbe eine Collage. Für den Unter-grund erhalten sie einen Bogen Tonkarton in der jeweiligen Farbe. Die Kinder jeder Gruppe überlegen gemeinsam, wie sie ihre Bilder anordnen und das Plakat verzieren wollen. Für die Gestaltung ihrer Collagen dürfen sie selbst gesammelte Naturmaterialien wie auch selbst gemalte Bildchen oder Symbole und Glitzer verwenden.

Neue Blätter und Triebe im Winter?

Schon im Spätsommer und Herbst des Vorjahres bilden einige Pflanzen ihre Blüten in speziellen Blütenknospen aus. Diese winzig kleinen Blüten sind zwar vollständig ausgebildet, lassen sich jedoch nur unter dem Mikroskop betrachten. In ihren Blütenknospen warten sie auf die richtige Tagestemperatur und die entsprechende Lichtstärke der Sonne. Winterblüher können erst bei Frost oder lang anhaltendem, kalten Wetter aufblühen. Jede Pflanzenart braucht dabei ihre individuelle Kältemenge.

Blühende Barbarazweige

- **Bildungsbereich:** Natur, Lebenswelt, Technik / Wahrnehmung und Bewegung
- **Alter:** ab 3 Jahre
- **Anzahl:** unbegrenzt
- **Ort:** draußen und drinnen
- **Material:** Zweige von Süßkirschen, Winterjasmin, Pflaumen oder Apfel, Gartenschere, 2 Vasen, Gefrierschrank

Veranschaulichen Sie den Kindern mit diesem Versuch, dass manche Zweige ausreichend Kälte benötigen, um blühen zu können. Am 4. Dezember, dem Tag der heiligen Barbara, ist es Brauch die Zweige von Süßkirschen, Winterjasmin, Pflaume oder Apfel zu schneiden und in eine Vase zu stellen. Nur wenn die Zweige ausreichend Frost bekommen, zeigen sich an Weihnachten ihre Blüten.

Schneiden Sie mit den Kindern mehrere Barbarazweige für zwei Vasen. Die Kinder legen die Hälfte der Zweige erst zwei Tage in den Gefrierschrank, bevor sie diese in eine Vase stellen. Die restlichen Zweige stellen sie sofort in die zweite Vase. Damit die gekühlten und ungekühlten Zweige nicht verwechselt werden, markieren die Kinder ihre beiden Vasen. Verhalten sich die Zweige nach dem simulierten Winter im Gefrierfach anders als ihre ungekühlten Verwandten? Die Kinder beobachten in den folgenden Tagen die Entwicklung der Knospen und achten auf mögliche Veränderungen. Ihre Freude wird groß sein, wenn die Zweige zu Weihnachten blühen.

Weihnachtlicher Zauber der Christrose

Seit Jahrhunderten gelten die reinweißen Blüten der Christrose, die zur Familie der giftigen Hahnenfußgewächse gehören, als Symbol für die Weihnachtszeit. Das winterliche Blühwunder wird in vielen christlichen Gedichten und Geschichten genannt. Ihr Zauber beruht unter anderem darauf, dass sich ihre zarten Blüten trotz Eis und Schnee oftmals zur Weihnachtszeit öffnen.

Der Duft der Christrosen

- **Bildungsbereich:** Wahrnehmung und Bewegung / Natur, Lebenswelt, Technik
- **Alter:** ab 3 Jahre
- **Anzahl:** unbegrenzt
- **Ort:** drinnen oder draußen
- **Material:** unterschiedliche Sorten Christrosen

Unternehmen Sie mit den Kindern einen Ausflug in eine Gärtnerei oder ein Blumengeschäft. Diese sollten Sie im Vorfeld über Ihr Vorhaben informieren. Vielleicht können Sie mit einem Gärtner sogar einen Termin vereinbaren, an dem er den Kindern etwas über Christrosen erzählt und ihnen die verschiedenen Sorten zeigt. Überlegen Sie mit den Kindern durch intensives

Betrachten und Vergleichen der Pflanzen, wie sich die verschiedenen Arten unterscheiden und welche Gemeinsamkeiten sie haben. Anschließend dürfen die Kinder die verschiedenen Sorten riechen. Duften alle Christrosen gleich? Vielleicht finden die Kinder sogar Ähnlichkeiten zu anderen Düften wie Johannisbeeren oder Bratapfel.

Wichtiger Hinweis!

Achten Sie darauf, dass die Kinder auf keinen Fall mit dem Pflanzensaft der Christrosen in Berührung kommen. Er enthält stark toxische (giftige) Stoffe, die auf der Haut oder den Schleimhäuten zu starken Reizungen mit Blasenbildung oder Entzündungen führen können. Zudem kann es bei oraler Aufnahme zu starken Vergiftungserscheinungen kommen.

Wetterorakel mit der Christrose

- **Bildungsbereich:** Natur, Lebenswelt, Technik / Wahrnehmung und Bewegung / Ästhetisch-kreative Bildung
- **Alter:** ab 3 Jahre
- **Anzahl:** unbegrenzt
- **Ort:** drinnen
- **Material:** 12 Knospen von Christrosen, Vase, Schildchen, Faden, Stifte, Tonkarton und -papier, Lineal, Schere

Gemäß einem alten Brauch wird die Christrose als Orakelblume genutzt, um das Wetter der nächsten zwölf Monate vorherzubestimmen. Überprüfen Sie die Vorhersagen der Blüten. Für das Orakel werden in der Weihnachtsnacht zwölf Blütenknospen geschnitten und ins Wasser gestellt. Falls diese Umsetzung bei Ihnen zeitlich nicht ausführbar ist, schneiden Sie die Knospen gleich zu Beginn des neuen Jahres.

Die Kinder bestimmen, welche Knospe für welchen Monat stehen soll. Versehen Sie den jeweiligen Spross mit einem kleinen Schildchen, auf dem

der Monatsname vermerkt ist. Bestimmt beobachten die Kinder interessiert, ob, wann und wie sich die einzelnen Knospen öffnen. Nach dem Orakel bedeuten geschlossene Knospen schlechtes und offene gutes Wetter.

Halten Sie die Ergebnisse auf einem Wetterplakat fest, das Sie in drei Spalten für jeweils eine Rubrik unterteilen. In der ersten Spalte werden die Monatsnamen aufgelistet. Unter der zweiten Rubrik werden die Orakeldeutungen der Christrose zugeordnet. In der dritten Spalte wird am Ende des Monats das tatsächlich beobachtete Wetter eingetragen. Überlegen Sie gemeinsam mit den Kindern, wie das Wetter in diesem Zeitraum war und notieren Sie die Ergebnisse auf dem Plakat. Anschließend vergleichen die Kinder die Aussagen des Orakels mit ihren Beobachtungen. Stimmen sie überein? Im Dezember machen die Kinder einen umfassenden Jahresrückblick. Hatte das Orakel mit Christrose das Wetter richtig oder falsch vorhergesagt?

Entdecken von Misteln

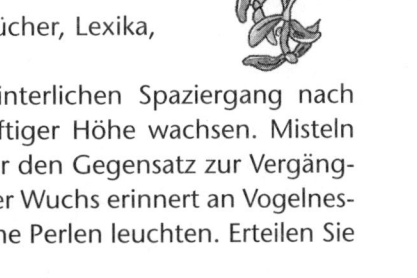

- **Bildungsbereich:** Natur, Lebenswelt, Technik
- **Alter:** Spaziergänge ab 3 Jahre, Entdeckungsaufträge ab 6 Jahre
- **Alter:** unbegrenzt
- **Ort:** draußen und drinnen
- **Material:** Bestimmungsbücher, Pflanzenbücher, Lexika, Internet

Suchen Sie mit den Kindern bei einem winterlichen Spaziergang nach Mistelpflanzen, die an kahlen Bäumen in luftiger Höhe wachsen. Misteln symbolisieren durch ihre immergrünen Blätter den Gegensatz zur Vergänglichkeit von Herbst und Winter. Ihr eigenartiger Wuchs erinnert an Vogelnester, während ihre weißlichen Früchte wie kleine Perlen leuchten. Erteilen Sie den Kindern folgende Entdeckungsaufträge:

- – An welchen Bäumen wachsen Misteln? Mit Hilfe von Bestimmungsbüchern entdecken die Kinder, dass die kugelförmigen Pflanzen an Pappeln, Linden, Birken, Weiden und Apfelbäumen wachsen.
- – Was sind Misteln? Die Kinder erfahren in Büchern, im Internet oder durch Befragen in Gärtnereien, dass Misteln Halbparasiten sind. Mit

ihren Wurzeln dringen sie in die Leitungsbahnen ihrer Wirtspflanze ein, um sich so mit Wasser und Nährstoffen zu versorgen. Die Wirtspflanze wird in der Regel nicht geschädigt.

– Wie werden Misteln im Volksmund bezeichnet? Welche Bedeutung haben Misteln? Bei ihren Recherchen finden die Kinder heraus, dass Misteln auch unter den Bezeichnungen Donnerbesen, Hexenkraut, Bocksfutter oder Drudennest bekannt sind. In früheren Jahren galt diese Pflanze als Spender von Lebenskraft, als Glücksbringer sowie als Schutz vor Feuer und bösen Geistern. Außerdem wurde sie als Heilmittel verwendet.

Achtung!

Misteln sind giftig und dürfen keinesfalls in die Hände der Kinder gelangen.

Misteln als Winterfutter für Vögel

Im Winter sind die Beeren der Mistel ein Leckerbissen für Vögel. Da das Fruchtfleisch der Beeren sehr klebrig ist, wetzen die Vögel nach dem Fressen ihre Schnäbel an anderen Ästen. Auf diese Weise verbreiten sich dort die kleinen klebrigen Samen der Beeren, wo sie keimen und im Frühling kleine Wurzeln bilden. Sie wachsen in die Baumstämme hinein, bis sie die Wasserleitungen der Bäume erreicht haben. Im kommenden Jahr wachsen die ersten Blätter der neuen Mistel.

Vogelnährgehölze entdecken

- **Bildungsbereich:** Natur, Lebenswelt, Technik / Wahrnehmung und Bewegung
- **Alter:** ab 5 Jahre
- **Anzahl:** unbegrenzt
- **Ort:** draußen
- **Material:** Pflanzenbestimmungsbücher

Ausgestattet mit Bestimmungsbüchern machen sich die Kinder auf Erkundungstour und suchen nach Pflanzen, die Früchte tragen. Unterstützen Sie die Kinder bei ihren Recherchen. Fragen Sie nach der genauen Bezeichnung der Pflanzen und, ob eine bestimmte Vogelart deren Früchte bevorzugt oder ablehnt. Welche Vogelnährgehölze gefallen den Kindern besonders gut?

Vogelnährgehölze

Viele Naturfreunde setzen sich für eine natürliche Ernährung der Tiere ein und fördern deshalb die Pflanzung von Vogelnährgehölzen. Diese Bäume und Sträucher tragen im Herbst und Winter Früchte. Vielleicht ist es auch bei der Neupflanzung Ihres Außengeländes reizvoll, einheimische Gehölze mit winterlichem Fruchtbehang zu wählen. So finden die Vögel ausreichend Nahrung in der kalten Jahreszeit und geschützte Nistplätze in den Sommermonaten.

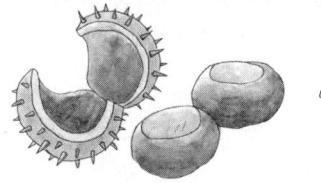

Nadelgehölze

Die meisten der Nadelgehölze sind immergrün. Das bedeutet, dass sie ihr Nadelkleid auch im eisigen Winter behalten. Während die Laubbäume kahl sind, fallen die Nadelgehölze in der Jahreszeit besonders auf. Außerdem kommt ihnen in der Advents- und Weihnachtszeit eine besondere Bedeutung zu. Eine gute Gelegenheit sich einmal näher mit den unterschiedlichen Nadelbaumarten, ihren spitzen Blättern und Früchten auseinanderzusetzen.

Nadelgehölzsuche im Wald

- **Bildungsbereich:** Natur, Lebenswelt, Technik / Wahrnehmung und Bewegung
- **Alter:** ab 3 Jahre
- **Anzahl:** unbegrenzt
- **Ort:** Wald
- **Material:** je Nadelbaumart 1 (laminierte) Bildkarte

Fertigen Sie im Vorfeld für jede Nadelbaumart eine Bildkarte an. Bei einem gemeinsamen Gespräch liegen die Karten in der Mitte. Kennen die Kinder die abgebildeten Pflanzen?

Gehen Sie mit den Kindern in einen Nadel- oder Mischwald, um mit Hilfe der Bildkarten die abgebildeten Nadelbäume zu finden. Ältere Kinder dürfen in Kleingruppen auf Erkundungstour gehen, während jüngere Kinder bei einem gemeinsamen Waldspaziergang nach den gesuchten Bäumen Ausschau halten. Sobald die Kinder fündig werden, besprechen alle gemeinsam den Nadelbaum und untersuchen ihn nach verschiedenen Kriterien:

- Wie sieht der Stamm aus?
- Welche Besonderheiten haben die Zweige?
- Wie sehen die Nadeln aus?
- Welche Farbe haben sie? Wie groß sind sie?
- Trägt der Nadelbaum Zapfen?

Erforschen von Nadeln

● **Bildungsbereich:** Wahrnehmung und Bewegung
● **Alter:** ab 3 Jahre
● **Anzahl:** unbegrenzt
● **Ort:** Wald

Die Kinder erforschen durch Befühlen und Riechen die Nadeln von verschiedenen Nadelgehölzen. Dabei erfahren sie, wie unterschiedlich die Nadeln der Bäume aussehen und sich anfühlen. Während die Fichte kurze, spitze Nadeln hat, sind die der Kiefer lang und spitz. Die Nadeln der Tanne stechen nicht. Sie fühlen sich stumpf und strohig an. Bei der Lärche und der Douglasie sind die Nadeln weich.

Nach ihren ausgiebigen Untersuchungen dürfen die Kinder die Zweige und Nadeln von Gehölzen einsammeln, die auf dem Boden liegen. Können die Kinder diese anhand ihrer Erfahrung zuordnen?

Erforschen von Zapfen

● **Bildungsbereich:** Wahrnehmung und Bewegung
● **Alter:** ab 3 Jahre
● **Anzahl:** unbegrenzt
● **Ort:** Wald
● **Material:** Zapfen von Nadelbäumen

Die Kinder suchen auf dem Waldboden nach Zapfen. Jeder wählt sich einen aus. Diesen betastet das Kind ausgiebig mit offenen und geschlossenen Augen. Um das Fühlerlebnis noch intensiver zu gestalten, werden die Zapfen nach Ihren Anweisungen befühlt:

    – Wie fühlt sich der Zapfen an?
    – Ist er trocken oder nass?
    – Ist er geschlossen oder geöffnet?
    – Fühlt er sich rau, kratzig oder weich an?
    – Gibt es Zapfen, die an einigen Stellen hart oder weich sind?
    – Wie riecht der Zapfen?

Zum Abschluss der Erkundungstour gibt jedes Kind seinen besonderen Zapfen in einen Beutel. Wer findet ihn durch Ertasten wieder?

Schnapp den Zapfen

- **Bildungsbereich:** Wahrnehmung und Bewegung
- **Alter:** ab 4 Jahre
- **Anzahl:** unbegrenzt
- **Ort:** drinnen
- **Material:** viele Zapfen (1 Zapfen weniger als Anzahl der mitspielenden Kinder)

Bilden Sie mit den Kindern einen Sitzkreis und legen Sie die Tannenzapfen in die Mitte. Erzählen Sie die folgende Geschichte. Sobald Sie den Begriff »Winter« nennen, greift sich jedes Kind so schnell wie möglich einen Zapfen. Wer dabei kein Glück hat, scheidet aus. Dann werden alle Zapfen wieder in die Mitte gelegt. Bevor Sie nun weitererzählen, nehmen Sie einen Zapfen aus dem Spiel. Es gewinnt das Kind, das sich den letzten Zapfen schnappt:

Ganz weit oben hängen die Zapfen an ihren Tannen. Der Wind schaukelt sie hin und her. Im Winter bedeckt sie der Schnee. Irgendwann fallen sie von ihrer Tanne ab und landen auf dem Boden. Das freut die Eichhörnchen. Sofort springen sie von ihren Bäumen. Sie sammeln die leckeren Zapfen für den nächsten Winter ein. Einige der köstlichen Zapfen verschwinden allerdings nicht in Verstecken, sondern werden gleich vor Ort aufgeknabbert. Dennoch bleiben genug Zapfen für den Winter übrig.

Fraßspuren an Fichtenzapfen

Ein Eichhörnchen lässt eine ausgefaserte Zapfenspindel zurück. Nur der Mittelteil bleibt mit einigen Schuppen stehen.
Eine Maus knabbert die Schuppen dicht und sauber über der Spindel ab.
Ein Specht zerhackt den Zapfen und verdreht die Schuppen.

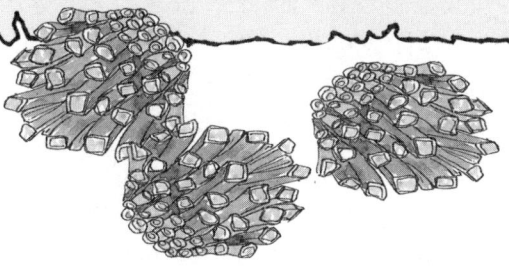

Wer hat die Fichtenzapfen abgeknabbert?

- **Bildungsbereich:** Natur, Lebenswelt, Technik / Wahrnehmung und Bewegung / Sprachliche Bildung
- **Alter:** ab 4 Jahre
- **Anzahl:** unbegrenzt
- **Ort:** Wald, Park
- **Material:** Fichtenzapfen, Lupen, Lexika, Bestimmungsbücher, Internet, Abbildungen von Eichhörnchen, Maus, Specht

Sammeln Sie mit den Kindern am Boden liegende Fichtenzapfen auf. Betrachten und befühlen Sie diese gemeinsam. Sehen alle Zapfen gleich aus? Entdecken die Kinder vielleicht einige Fraßspuren? Wie sehen diese aus? Wie fühlen sie sich an? Können die Kinder erklären, wie die Zapfen angeknabbert wurden. Zeigen Sie je ein Foto von einem Eichhörnchen, einer Maus und einem Specht. Erraten die Kinder, ob ein Eichhörnchen, eine Maus oder ein Specht den Zapfen abgeknabbert hat? Um ihre Vermutungen zu überprüfen, recherchieren die Kinder in Lexika, Bestimmungsbüchern oder im Internet nach den fraßtypischen Merkmalen dieser Tiere.

Kuschelige Wärme oder eisige Kälte?

Die meisten Kinder lassen sich von Regen, Sturm, Schnee oder Kälte nicht davon abhalten, ins Freie zu gehen. Dies gilt besonders dann, wenn Schnee und Eis das Landschaftsbild bestimmen. Durchgefroren kehren sie dann ins Haus zurück, um sich in den gemütlichen Räumen aufzuwärmen.

Manchmal ist es jedoch im Freien so ungemütlich, dass niemand gern das Haus verlässt. Aber auch an solchen Tagen braucht keine Langeweile aufkommen, denn es gibt viele interessante, ruhige als auch lebhafte Spielmöglichkeiten für drinnen.

Bei Kerzenschein zur Ruhe finden

Der wohltuende Schein von Licht und Feuer bringt Wärme und Besinnlichkeit in die dunkle Jahreszeit. Schon bevor es in der Advents- und Weihnachtszeit Brauch war, Kerzenlichter anzuzünden, wurden zur Wintersonnenwende Lichterfeste gefeiert. Nicht nur Erwachsene schätzen das Element Feuer, sondern auch auf Kinder übt es große Faszination aus. Selbst lebhafte Kinder werden durch den Anblick einer brennenden Kerze ruhiger und schauen gebannt auf die Flamme.

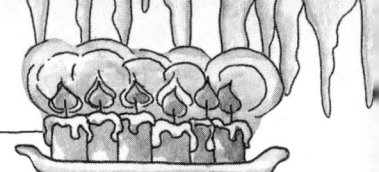

Vorsicht mit Feuer!

Wenn Sie Kerzen für einen festlichen Anlass entzünden oder um den winterlich-grauen Alltag zu erhellen, sollten Sie stets Vorsicht walten lassen. Lassen Sie Kerzen niemals unbeaufsichtigt brennen!
Kinder sollten den Umgang mit Feuer unter Anleitung eines Erwachsenen lernen. Auf diese Weise erlangen sie Wissen über die Gefährlichkeit und die richtige Handhabe mit Feuer. Sie lernen, wie sie Feuer entzünden und löschen.

Streichholz entzünden

- **Bildungsbereich:** Wahrnehmung und Bewegung
- **Alter:** ab 5 Jahre
- **Anzahl:** unbegrenzt
- **Ort:** drinnen
- **Material:** feuerfeste Arbeitsfläche, Schälchen mit Wasser, feuerfester Teller, Streichholzschachtel mit Zündhölzern

Bei der folgenden Übung vermitteln Sie den Kindern den richtigen Umgang mit Streichhölzern. Führen Sie zunächst eine Stilleübung durch, damit sich alle auf ihr Vorhaben konzentrieren können. Anschließend dürfen die Kinder nacheinander jeweils ein Streichholz entzünden, während die anderen ruhig und gespannt zusehen. Weisen Sie jedes einzelne Kind genau an, wie es das Streichholz entzünden soll:

- Nimm ein Streichholz aus der Schachtel.
- Setze das Streichholz mit dem Zündkopf auf die Zündfläche der Schachtel.
- Reibe das Streichholz mit etwas Druck auf der Zündfläche mehrmals vom Körper weg.
- Sobald sich das Streichholz entzündet, halte es mit dem brennenden Ende nach oben.
- Lege das brennende Hölzchen in das Wasserschälchen oder puste es aus.

Wahrnehmungserlebnis Streichholz

- **Bildungsbereich:** Wahrnehmung und Bewegung
- **Alter:** ab 3 Jahre
- **Anzahl:** unbegrenzt
- **Ort:** drinnen
- **Material:** Schälchen mit Wasser, feuerfester Teller, Streichholzschachtel mit Zündhölzern

Das Entzünden eines Streichholzes beinhaltet außer einem visuellen Erlebnis noch andere Wahrnehmungseindrücke, denen Sie mit den Kindern nachgehen sollten:

- Wie hört es sich an, wenn sich ein Streichholz entzündet? Wer hört das kurze Zischen?
- Wie hört es sich an, wenn ein Streichholz gleich nach dem Auspusten ins Wasser gehalten wird?
- Wie es riecht, wenn ein Streichholz entzündet wird?
- Wie riecht es, wenn ein Streichholz abbrennt und ausgepustet wird?
- Ist der Geruch mit geschlossenen Augen noch intensiver als zuvor?
- Was beobachten die Kinder, wenn sie das Streichholz auspusten? Steigt Rauch auf?
- Wohin fliegt der Rauch? Wie lange können sie ihn sehen, bis er verschwindet?

Flackerflamme oder Standflamme?

- **Bildungsbereich:** Wahrnehmung und Bewegung / Sprachliche Bildung
- **Alter:** ab 3 Jahre
- **Anzahl:** unbegrenzt
- **Ort:** drinnen
- **Material:** feuerfeste Arbeitsfläche, Kerzenständer mit Kerze, Schälchen mit Wasser, feuerfester Teller, Streichholzschachtel mit Zündhölzern

Die Kinder halten ein brennendes Streichholz an den Docht einer Kerze und löschen das Streichholz anschließend im Wasserschälchen. Danach betrachten sie aufmerksam die Kerzenflamme. Motivieren Sie die Kinder mit gezielten Fragen zum intensiven Beobachten:

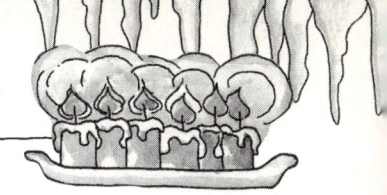

Kuschelige Wärme oder eisige Kälte?

– Wie sieht die Kerzenflamme aus?

– Welche Farben hat sie?

– Wie viele Farben können gezählt werden?

– Wer kann die Form der Flamme beschreiben?

– Flackert oder steht die Flamme still?

– In welche Richtung bewegt sich die Flamme? Warum tut sie das?

Nur unter Ihrer Anleitung und Aufsicht dürfen die Kinder ausprobieren, wie aus der Flamme eine Flackerflamme oder eine Standflamme wird.

Ruhelicht weitergeben

- **Bildungsbereich:** Wahrnehmung und Bewegung
- **Alter:** ab 3 Jahre
- **Anzahl:** unbegrenzt
- **Ort:** drinnen
- **Material:** feuerfeste Arbeitsfläche, Kerzenständer mit Kerze, Tropfschutz (Bierdeckel), Schälchen mit Wasser, feuerfester Teller, Streichholzschachtel mit Zündhölzern, Rollbrett

Haben Sie ein Buch, aus dem Sie den Kindern jeden Tag eine Geschichte vorlesen? Wie wäre es, wenn Sie das Vorlesen mit einem kleinen Lichtritual einleiten? Jeden Tag darf ein anderes Kind neben Ihnen sitzen und unter Ihrer Anleitung eine Kerze anzünden. Dann wird die brennende Kerze vorsichtig von Kind zu Kind gereicht, bis sie bei Ihnen wieder ankommt. Stellen Sie die Kerze auf einen sicheren Platz, der das Betrachten der Kerze zulässt. Nun kann das Vorlesen beginnen.

Variation: Die Kerze wird in einen Kerzenständer gesteckt, auf ein Rollbrett gestellt und dann entzündet. Nun Kinder schieben das Rollbrett mit der brennenden Kerze von einem Kind zum anderen. Damit die Flamme nicht erlischt, müssen sie das Brett langsam weiterrollen.

37

Spannende Spiele im Haus

Höhlen bauen

- **Bildungsbereich:** Ästhetisch-kreative Bildung / Wahrnehmung und Bewegung / Sozial-emotionale Bildung
- **Alter:** ab 3 Jahre
- **Anzahl:** unbegrenzt
- **Ort:** drinnen
- **Material:** große Pappkartons, Stühle, Tische, Kissen, Wäscheklammern, Besenstiele

Gerade in der kalten Jahreszeit macht es den Kindern viel Spaß, Höhlen zu bauen und sich darin zu verkriechen. Als Anreiz brauchen sie lediglich ein paar Decken, Stühle, Tische und Pappkartons.
Beim einfachen Höhlenbau erfahren die Kinder erste statische Zusammenhänge. Durch Ausprobieren entdecken sie selbst, welche Materialien geeignet sind und wie sie diese am besten verwenden.

Höhlen erforschen

- **Bildungsbereich:** Ästhetisch-kreative Bildung / Wahrnehmung und Bewegung/ Sozial- emotionale Bildung
- **Alter:** ab 4 Jahre
- **Anzahl:** unbegrenzt
- **Ort:** drinnen
- **Material:** Decken, Kissen, Kartons, Stühle, Tische, große Pappen, Turnmatten, Weichbodenmatten, Kästen, Bänke und andere Turngeräte, große, dunkle Tücher, Wäscheklammern, Taschenlampen, Schätze, Schatzkartenpuzzle, Papier, Filzstifte, Klebeband

In Gemeinschaftsarbeit bauen die Kinder eine große Höhle. Wichtig ist, dass diese stabil ist und alle darin Platz finden. Je größer und verwinkelter die Höhle gebaut wird, desto spannender wird ihre Erkundung im Licht einer

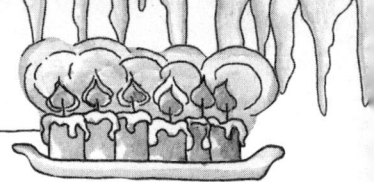

Taschenlampe. Zum Schluss wird die Höhle mit großen, dunklen Tüchern abgedeckt. Nun kann es losgehen. Wer traut sich, die Höhle allein zu erforschen? Noch abenteuerlicher wird die Höhlenforschung, wenn die Kinder immer wieder neue Aufgaben lösen sollen:

- Verstecken Sie für jedes Kind eine kleine Süßigkeit in der Höhle. Nacheinander versucht jeder mit Hilfe einer Taschenlampe seinen Schatz zu finden.
- Verstecken Sie Puzzelteile in der Höhle. Jedes Kind krabbelt hinein und sucht ein Teil. Zum Schluss wird das Puzzle außerhalb der Höhle gemeinsam zusammengelegt. Vielleicht ergibt das fertige Puzzle eine Schatzkarte, die auf einen versteckten Schatz in der Höhle hinweist.
- Die Kinder verschönern ihre Gemeinschaftshöhle mit interessanten Höhlenmalereien. Befestigen Sie im Innern der Höhle mehrere Bogen Malpapier. Wer Lust hat, darf sich nun als Höhlenmaler ausprobieren. Die fertigen Kunstwerke bleiben hängen und dürfen von jedem Höhlenforscher bewundert werden.

Ruhehöhle für gemütliche Stunden

- **Bildungsbereich:** Wahrnehmung und Bewegung / Sozial-emotionale Bildung
- **Alter:** ab 3 Jahre
- **Anzahl:** unbegrenzt
- **Ort:** drinnen
- **Material:** große Pappkartons, Stühle, Tische, Kissen, Wäscheklammern, Besenstiele, Taschenlampen oder Klemmleuchten

Bauen Sie mit den Kindern eine große Höhle, in der alle zusammen Platz finden. Zur Beleuchtung dienen aufgehängte Taschenlampen, Klemmleuchten oder Lichterketten. Auf dem Boden werden reichlich Sitzkissen und Decken verteilt. Wie wäre es, wenn Sie die Kinder zur nächsten Vorlesestunde in diese gemütliche Höhle einladen? Noch intensiver wird dieses Erlebnis mit einem kleinen Höhlenpicknick. Bei elektrischem Kerzenschein und selbst gebackenen Keksen lässt es sich bestimmt noch besser Zuhören.

Winterparcours im Haus

- **Bildungsbereich:** Wahrnehmung und Bewegung
- **Alter:** ab 3 Jahre
- **Anzahl:** unbegrenzt
- **Ort:** drinnen
- **Material:** Teppichfliesen, Seile, Rollbretter, Kästen, Turnmatten, Weich-
  bodenmatte, Sprossenwand, große Pappkartons, Tesakrepp, Papier, Stifte,
  Kreide

Veranstalten Sie mit den Kindern einen Winterparcours im Haus. Je mehr
Geräte Ihnen zur Verfügung stehen, desto mehr Möglichkeiten haben Sie
für die einzelnen Stationen. Selbst mit wenig Platz können Sie interessante
Bewegungsangebote anbieten. Zum Start der Winterspiele beginnen die
Kinder mit Aufwärmübungen. Nacheinander führt jedes Kind eine Übung
wie Hampelmann oder Armkreisen vor, die von allen nachgemacht wird.
Danach absolvieren sie die einzelnen Wintersportangebote auf dem Parcours:

- **Langlauf:** Die Kinder legen unter jeden Fuß eine Teppichfliese und
  schlittern damit über eine markierte Strecke.
- **Schlittenfahren:** Die Kinder legen sich auf ein Rollbrett und stoßen
  sich von einer Wand ab. Wie weit rollen sie? Markieren Sie die zurück-
  gelegte Strecke mit einem Stück Tesakrepp und schreiben Sie darauf
  den Namen des jeweiligen Kindes.
- **Hügelige Schneelandschaft:** Bauen Sie mit mehreren kleinen Kästen
  eine Hügellandschaft und bedecken Sie diese mit Turnmatten. Mit
  welchen Bewegungsarten lässt sich die Hügelkette am besten über-
  winden?
- **Bobfahren:** Ein Kind setzt sich in einen Pappkarton, der auf ein
  Rollbrett gestellt wird. Ein anderes Kind schiebt es durch einen aufgebauten Slalom.
- **Skispringen:** Hängen Sie eine Langbank an eine Sprossenwand. Mit
  einer Teppichfliese rutschen die Kinder hinunter und springen am
  Ende auf eine Weichbodenmatte.
- **Schlittenhunderennen:** Ein Kind setzt sich auf eine Teppichfliese, in
  den Händen hält es den mittleren Teil eines Sprungseils. Zwei weitere
  Kinder nehmen die beiden Enden und ziehen den Schlitten wie
  Schlittenhunde durch den Raum.

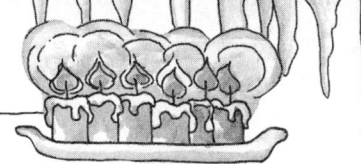

– **Skilift:** Binden Sie ein Seil an einer Sprossenwand oder einem nicht rutschenden Möbelstück fest. Ein Kind setzt oder stellt sich auf eine Teppichfliese, hält sich am Seil fest und zieht sich daran bis zur Sprossenwand.

Variation: Ältere Kinder können die Winterspiele auch als Wettkampf durchführen. Jedes Kind erhält einen Laufzettel, auf dem es sich die erreichten Ergebnisse eintragen lässt. Zum Schluss werden die Ergebnisse ausgewertet und die Sieger bei der anschließenden Siegerehrung verkündet.

Spiele bei Schnee und Eis

Winterrallye im Schnee

- **Bildungsbereich:** Bewegung und Wahrnehmung / Sozial-emotionale Bildung
- **Alter:** ab 5 Jahre
- **Anzahl:** unbegrenzt
- **Ort:** draußen (auch drinnen möglich)
- **Material:** Nüsse, Mandarinen, Kekse, Orangen, Schälchen, Pappschnee, warme Getränke, Trinkbecher, Papier, Stifte, Uhr, Urkunden

Schicken Sie die Kinder in Kleingruppen auf eine Winterrallye, bei der sie gemeinsam unterschiedliche Aufgaben erfüllen müssen. So profitieren auch die jüngeren Kinder von dem Erfahrungsschatz der älteren. Die Rallye kann ohne Wertung oder als Wettspiel durchgeführt werden.

Nach jeder bestandenen Aufgabe erhalten die Kinder einen Hinweiszettel, der sie zur nächsten Station führt. Wie viele und welche Stationen Ihre Winterrallye umfassen soll, das entscheiden Sie. Außerdem können Sie die Aufgaben an allen Stationen immer wieder beliebig verändern und Ihren Vorstellungen anpassen:

Station 1: Führt drei Wintersportarten pantomimisch vor.

Station 2: Nennt fünf Dinge, die es nur im Winter gibt.

Station 3: Singt drei Winterlieder.

Station 4: Nennt fünf Winterkleidungsstücke.

Station 5: Bei diesem Geschmackskim sollt ihr mit geschlossenen Augen erschmecken, welche wintertypischen Leckereien darin enthalten sind.

Station 6: Formt drei Schneebälle aus Pappschnee und werft damit auf die Zielwand. Die gesamten Treffer der Gruppe werden zusammengezählt.

Station 7: Jedes Kind formt einen Schneeball, legt diesen auf den flachen Handrücken, streckt den Arm aus und geht so zwei Minuten im Kreis herum – ohne den Schneeball zu verlieren. ·

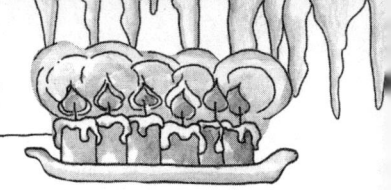

Station 8: Lauft diese markierte Strecke durch den tiefen Schnee ohne hinzufallen.

Station 9: Baut eine riesige Schneekugel. Ihr habt fünf Minuten Zeit.

Station 10: Ihr habt es geschafft! Bei einem winterlichen Picknick mit warmen Getränken und Leckereien dürft ihr euch nun erholen.

Wenn Sie diese Rallye als Wettspiel durchgeführt haben, findet nach dem Picknick die Siegerehrung statt.

Die verlorenen Nüsse

- **Bildungsbereich:** Wahrnehmung und Bewegung
- **Alter:** ab 3 Jahre
- **Anzahl:** unbegrenzt
- **Ort:** draußen
- **Material:** Hasel- und Walnüsse, Nussknacker, Schale

Teilen Sie die Kinder in zwei Gruppen ein. Eine Gruppe spielt die Haselnusseichhörnchen, die andere die Walnusseichhörnchen. Ihrem Namen entsprechend mögen die Eichhörnchen nur bestimmte Nüsse. Legen Sie auf Ihrem Außengelände je eine Spur mit einer gleichen Anzahl von Wal- und Haselnüssen aus. Anschließend gehen beide Gruppen auf Nussjagd. Am Endpunkt der Spur wird gezählt. Haben die Eichhörnchen alle Nüsse gefunden? Zum Schluss dürfen die Nüsse aufgegessen werden.

43

Unterwegs
mit Väterchen Frost

In unseren Breitengraden ist der Winter für viele Menschen gleichbedeutend mit Frost und Kälte, Schnee und Eis. Vor allem die Kinder erfreuen sich an den Möglichkeiten, die ihnen die Jahreszeit mit seiner weißen, knackigkalten Pracht bietet. Sobald die ersten Schneeflocken ihren Weg zur Erde finden, möchten die meisten Kinder sofort nach draußen und die weiße Schönheit hautnah erleben. Auch Reif und Eis üben diese Faszination aus. Bei Unternehmungen im Freien erfahren die Kinder, wie unterschiedlich Schnee sein kann, wie rutschig Eis ist und wie Raureif die Landschaft verändert.

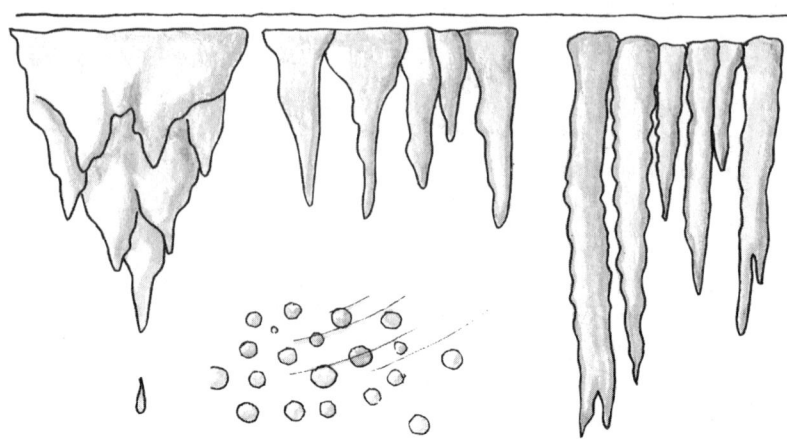

Experimente im Märchenland

Kinder im Vorschulalter sind vom magischen Denken geprägt und vermenschlichen Dinge. Durch diese emotionale Betrachtungsweise empfinden sie ihre Umgebung als eine Welt, die ihnen ähnlich ist. Nutzen Sie diese Betrachtungsweise, um den Kindern die winterlichen Wetterphänomene mit Figuren aus der russischen Märchenwelt zu erklären:
 – Väterchen Frost symbolisiert die Kälte und den Frost.
 – Die Schneekönigin ist die Herrscherin über alle Schneeflocken.
 – Die Eisprinzessin zeigt sich in Eiszapfen oder Eisblumen.

Fingerpuppen aus dem Wintermärchenland

- **Bildungsbereich:** Ästhetisch-kreative Bildung
- **Alter:** ab 4 Jahre
- **Anzahl:** unbegrenzt
- **Ort:** drinnen
- **Material:** Scheren, Nadeln, Faden, weiße Wolle, Schlauchbinde, Stoffmalfarbe, Trikotstoff, weiße und hellblaue Stoffreste, weißer Tüll oder Chiffon, weißes Kunstfell, Watte, Engelshaar, silbernes Lametta, weißes und silbernes Papier, Pinsel, kleine Papprollen, Holografiefolie, kleiner Holzstock, Alufolie, Klebstoff

Bei selbst erfundenen Fingerspielen haben Kinder die Möglichkeit, ihre Erlebnisse und Erfahrungen zu verarbeiten, Fragen und Problemen nachzugehen oder ihr Wissen auszutauschen. Die Kinder formen mit Ihrer Hilfe eine Kugel aus weißer Wolle. Die Wollkugel stopfen sie in eine Schlauchbinde und verknoten diese an einem Ende. Damit die Figur später mit den Fingern geführt werden kann, wird eine kleine Papprolle in die andere Seite hinein geschoben und danach Trikotstoff über der gefüllten Schlauchbinde aufgenäht. Zum Schluss gestalten die Kinder ihre Fingerpuppe nach ihren Vorstellungen mit Stoffmalfarbe, Woll- oder Lamettahaaren, Stoffen und anderen Materialien.

Schneekönigin: Weißer Stoff für das Kleid, weißes Kunstfell oder Teddystoff für den Umhang und die Mütze, Engelshaar für die Haare, Schneekristalle in verschiedenen Größen aus weißem Papier oder fertige Sticker als Schmuck für das Kleid und die Haare.

Eisprinzessin: leichter weißer durchscheinender Stoff wie Chiffon oder Tüll für das Kleid, silbernes Lametta für lange Haare, Eiskristalle aus Holografiefolie für den Schmuck

Väterchen Frost: Hellblauer Stoff mit weißer Borte aus Kunstfell oder Watte für den Umhang, weiße Watte für Haare und Bart, kleines mit Alufolie umhülltes Holzstöckchen für das Zepter.

Besuch aus dem russischen Märchenland

- **Bildungsbereich:** Sprachliche Bildung / Ästhetisch-kreative Bildung
- **Alter:** ab 4 Jahre
- **Anzahl:** unbegrenzt
- **Ort:** drinnen
- **Material:** 3 Handpuppen (Schneekönigin, Eisprinzessin, Väterchen Frost), Puppentheater oder Tisch, weiße Tischdecke

Haben die Kinder schon einmal von Väterchen Frost, der Schneekönigin oder der Eisprinzessin gehört? Wie wäre es, wenn diese russischen Märchenfiguren die Kinder bei ihren Exkursionen in die Winterwelt begleiten? Bevor es losgeht, sollten sie ihre Begleiter bei einem Puppenspiel kennen lernen. Verwenden Sie die Handpuppen aus Ihrem Kasperletheater und gestalten Sie diese entsprechend um (siehe vorheriges Angebot). Falls Sie kein Thea-

tergestell haben, decken Sie einen Tisch mit einem weißen Tuch ab und setzen Sie sich dahinter. Damit die Kinder sich leichter auf die Fantasieebene
einlassen können, geben Sie ihnen immer wieder ausreichend Zeit, um auf
Fragen der Märchenfiguren zu antworten.

Väterchen Frost: Hallo Kinder. Schön, euch zu sehen!

Eisprinzessin: Hallo Kinder! Ich weiß jetzt gar nicht, ob ihr uns schon kennt ...

*Schneekönigin: Ich glaube, wir sollten uns einmal richtig vorstellen. Das ist
Väterchen Frost, das ist die Eisprinzessin und ich bin die Schneekönigin!*

*Väterchen Frost: Wir sollten den Kindern auch unbedingt erzählen, warum
wir sie besuchen! Kinder, wisst ihr welche Jahreszeit im Moment hier ist? ...
Ja, es ist Winter. Darum sind wir hier. Wisst ihr, wie das Wetter im Winter
sein kann? ...*

Eisprinzessin: Stimmt, es kann ganz kalt sein und viel schneien.

*Väterchen Frost: Ohne uns geht das aber nicht. Und darum sind wir hier.
Als Väterchen Frost bringe ich die Kälte und den Frost ins Land. Alles, was
ich mit der Spitze meines magischen Zepters berühre, gefriert sofort.*

*Eisprinzessin: Als Eisprinzessin lasse ich die Eiszapfen wachsen. Ich wache
über zugefrorene Pfützen und Seen. Außerdem male wunderschöne
Eisblumen an die Fensterscheiben! Wer hat schon einmal meine Eisblumen
gesehen? Könnt ihr sie noch beschreiben?*

*Schneekönigin: Ich bin als Schneekönigin die Herrscherin über alle
Schneeflocken. Ich kann sie aus den Wolken zaubern, sie langsam auf den*

Boden gleiten oder wild durch die Lüfte wirbeln lassen. Ich kann sie
groß oder klein zaubern und ich kann sie immer wieder anders aussehen lassen!

Väterchen Frost: Wenn wir uns hier an die Arbeit machen, können wir
hier alles in eine weiße Winterlandschaft verzaubern. Wollt ihr uns bei der
Arbeit helfen? Was macht euch denn im Winter am meisten Spaß? ...

Eisprinzessin: Da fällt euch aber viel ein. Einige dieser Dinge werdet ihr
bestimmt bald machen. Wir werden euch dabei begleiten! ...

Willkommensbilder für die Gäste

- **Bildungsbereich:** Ästhetisch-kreative Bildung
- **Alter:** ab 4 Jahre
- **Anzahl:** unbegrenzt
- **Ort:** drinnen
- **Material:** hellblauen, weißen, silbernen Tonkarton, Zeitschriften,
  Prospekte und Kataloge, Klebstoff, Scheren

Väterchen Frost und seine beiden Begleiterinnen wünschen sich von den
Kindern jeweils eine Collage mit ihren typischen Wetterphänomenen. Dafür
sollen sie in alten Zeitschriften, Zeitungen, Prospekten und Katalogen nach
passenden Bilder suchen. Die Kinder schneiden die gefundenen Bilder aus
und ordnen diese sodann gemeinsam den drei Figuren zu. Nun gestalten
sie für Väterchen Frost, die Schneekönigin und die Eisprinzessin jeweils eine
Collage auf einem großen Plakat. In die oberen Bereiche der Plakate malen
die Kinder die Portraits der Winterfiguren. Darunter kleben sie die ausge-
schnittenen Bilder. So entsteht für die Schneekönigin eine Collage mit
Schneebildern. Die Eisprinzessin erhält ein Plakat mit Eiszapfen und Schlittschuhläufern. Für Väterchen Frost gestalten die Kinder ein Plakat, das mit
Reif überzogene Landschaftsbilder zeigt. Alle drei Plakate werden gut sichtbar im Raum aufgehängt.

Entdeckungen mit Väterchen Frost

Unterwegs nach einer frostkalten Nacht

- **Bildungsbereich:** Natur, Lebenswelt, Technik / Sprachliche Bildung
- **Alter:** ab 4 Jahre
- **Anzahl:** unbegrenzt
- **Ort:** draußen
- **Material:** Lupen

Unternehmen Sie mit den Kindern nach einer frostkalten Nacht eine Exkursion in die Natur und erforschen Sie gemeinsam mit Väterchen Frost, wie Reif aussieht. Wie fühlt er sich an? Was passiert, wenn eine warme Hand längere Zeit auf dem Reif liegt? Wie reagiert Reif auf eine kalte Hand? Mit ihren Lupen können sie die Wasserteilchen betrachten, die sich an den Blättern, Zweigen und anderen Dingen als Reif niedergeschlagen haben.

Vielleicht entdecken die Kinder auch Raureif. Väterchen Frost erklärt, dass dieser vor allem bei Nebel entsteht. Die Abkühlung unterschreitet sehr bald den Taupunkt und die Kondensation dauert dadurch länger. Da die Umwandlung der Luft vom gasförmigen in den flüssigen oder festen Zustand hier etwas länger dauert, wachsen die Eiskristalle zu kleinen Türmchen heran oder hängen wie Fahnen von den Ästen herunter.

Reif selbst herstellen

- **Bildungsbereich:** Natur, Lebenswelt, Technik
- **Alter:** ab 4 Jahre
- **Anzahl:** unbegrenzt
- **Ort:** drinnen
- **Material:** großes Trinkglas, Geschirrtuch, Eiswürfel, Salz, Esslöffel

Väterchen Frost führt mit den Kindern einen Versuch durch, bei dem der Reif hergestellt wird. Sie zerstoßen Eiswürfel in einem Geschirrtuch und schütten diese in ein Glas, bis es gut gefüllt ist. Dazu geben sie etwa drei

Esslöffel Salz, verrühren das Gemisch gut und lassen es eine Weile ruhen. In dieser Zeit beobachten die Kinder, was an der Außenseite des Behältnisses geschieht. Sie werden feststellen, dass sich an der Außenseite des Glases eine Schicht Eiskristalle bildet. Während des Vorgangs halten sie ab und zu die Hand über das Eiswürfel-Salz-Gemisch. Sie werden kalte Luft spüren.

Erklärung von Väterchen Frost: Das Eiswürfel-Salz-Gemisch senkt die Temperatur im Glas auf unter –10 Grad Celsius. Der unsichtbare Wasserdampf, der sich in der Luft befindet, setzt sich an der kalten Glasoberfläche als kristallener Eisbeschlag ab. Reif entsteht durch den unmittelbaren Übergang der Luftfeuchte vom gasförmigen in den festen Zustand.

Experimente mit der Schneekönigin

Fragen an die Schneekönigin

- **Bildungsbereich:** Sprachliche Bildung
- **Alter:** ab 6 Jahre
- **Anzahl:** unbegrenzt
- **Ort:** drinnen

Entwickeln Sie in einem gemeinsamen Gespräch verschiedene Fragen zum Thema Schnee. Motivieren Sie die Kinder zum Überlegen. Was interessiert sie an diesem Thema besonders stark? Welche der zusammengetragenen Fragen möchten und können sie im Nachhinein durch eigene Nachforschungen beantworten?

Wie kalt ist Schnee?

- **Bildungsbereich:** Natur, Lebenswelt, Technik
- **Alter:** ab 6 Jahre
- **Anzahl:** unbegrenzt
- **Ort:** draußen
- **Material:** Thermometer, Stift, Papier

Die Kinder führen über einen längeren Zeitraum an verschiedenen Stellen Temperaturmessungen durch. So können sie ihre Untersuchungen bei verschiedenen Lufttemperaturen vornehmen. Sie messen die Temperatur:

- – direkt unter der Schneeoberfläche
- – im lockeren Schnee
- – im gepressten Schnee
- – am Boden
- – in der Luft

Ist die Schneetemperatur immer gleich oder verändert sie sich bei kälteren Temperaturen? Vielleicht wissen die Kinder sogar, warum sich Schneehühner und Schneehasen im Schnee eingraben.

Erklärung der Schneekönigin: Die Schneeschichten isolieren die Wärme und wirken wie ein Iglu, so dass die Tiere darunter vor Kälte geschützt sind.

Pulver- und Pappschnee erforschen

- **Bildungsbereich:** Natur, Lebenswelt, Technik / Wahrnehmung und Bewegung
- **Alter:** ab 4 Jahre
- **Anzahl:** unbegrenzt
- **Ort:** draußen
- **Material:** Lupen

Die Schneekönigin fragt die Kinder, ob Schnee immer gleich ist oder ob es verschiedene Arten von Schnee gibt. Vielleicht wissen sie aus Erfahrung, dass es Pulver- und Pappschnee gibt. An mehreren aufeinander folgenden Tagen sollen die Kinder untersuchen, wie sich Schnee verändert. Sie nehmen frisch gefallene Schneeflocken unter die Lupe. Haben alle Schneeflocken sechs Zacken? Behalten die Schneeflocken diese Zacken auch in den nächsten Tagen? Wahrscheinlich stellen die Kinder fest, dass viele Zacken mit der Zeit abbrechen.

Auf Anweisung der Schneekönigin versuchen die Kinder aus Pulverschnee feste Schneebälle zu formen. Da dies nicht gelingen wird, betrachten sie die Reste der Schneebälle unter der Lupe. Vermutlich sind viele Flocken jetzt in einzelne Teilchen zerbrochen. Nun nehmen die Kinder den Schnee ins Warme und wiederholen den Versuch. Dabei werden sie feststellen, dass die Flocken schmelzen und miteinander verkleben. Es entsteht Pappschnee, der sich hervorragend zu Schneebällen verarbeiten lässt. Abschließend überprüfen die Kinder ihr Forschungsergebnis nochmals unter der Lupe.

Schneeball formen

- **Bildungsbereich**: Natur, Lebenswelt, Technik / Wahrnehmung und Bewegung
- **Alter**: ab 3 Jahre
- **Anzahl**: unbegrenzt
- **Ort**: draußen
- **Material**: Handschuhe, Messer

Jedes Kind formt mit bloßen Händen einen Schneeball aus Pappschnee. Danach zieht es seine Handschuhe an und formt einen weiteren Schneeball. Welche Unterschiede stellen die Kinder fest? Wahrscheinlich werden sie bemerken, dass der mit bloßen Händen geformte Schneeball viel glatter geworden ist als der andere.

Mit einem Messer schneiden die Kinder beide Schneebälle in der Mitte durch und vergleichen sie miteinander. Die Oberfläche vom glatten Schneeball ist mit einer sichtbaren Eisschicht überzogen.

Erklärung der Schneekönigin: Wird ein Schneeball mit bloßen Händen geformt, bringt die Handwärme die äußere Schneeschicht zum Schmelzen. Die kalte Luft wiederum lässt diese wässerige Schicht zu Eis gefrieren.

Wird Schnee leichter oder schwerer?

- **Bildungsbereich:** Natur, Lebenswelt, Technik
- **Alter:** ab 6 Jahre
- **Anzahl:** unbegrenzt
- **Ort:** draußen
- **Material:** Becher, Waage, Stift, Papier

Dieses Experiment dauert mehrere Tage, da erst Pulver- und später Papp-schnee abgewogen werden soll. Die Kinder nehmen täglich eine Schnee-probe und füllen diese in einen Becher. Danach wiegen sie den gefüllten Becher und notieren das Ergebnis. Ein Vergleich aller Ergebnisse zeigt, dass Pappschnee schwerer als Pulverschnee ist.

Forschen mit der Eisprinzessin

Spuren der Eisprinzessin

- **Bildungsbereich:** Natur, Lebenswelt, Technik / Wahrnehmung und Bewegung
- **Alter:** ab 3 Jahre
- **Anzahl:** unbegrenzt
- **Ort:** draußen

Für diese Exkursion müssen Sie zunächst mehrere frostige Tage abwarten. Erst wenn die Temperaturen mehrere Tage unter dem Gefrierpunkt lagen, können die Kinder bei einem Ausflug nach den Spuren der Eisprinzessin suchen. Entdecken sie Eiszapfen oder eine gefrorene Pfütze? Wie fühlt sich das Eis an? Wie sieht es aus? Wie lange können die Kinder das Eis in den bloßen Händen halten? Wie schwer ist es, einen Eiszapfen ab- oder durch-zubrechen? Wie standfest sind die Kinder auf einer gefrorenen Pfütze? Rutschen sie darauf aus oder zerbrechen sie das Eis mit ihrem Gewicht?

Können Fische im See einfrieren?

- **Bildungsbereich:** Natur, Lebenswelt, Technik
- **Alter:** ab 5 Jahre
- **Anzahl:** unbegrenzt
- **Ort:** drinnen
- **Material:** Lexika, Sachbücher, Internet, Pappe, Zollstock

Was bedeutet es für Fische und andere Wassertiere, wenn die Temperaturen unter dem Gefrierpunkt liegen und der See zufriert? Werden sie dann im See eingefroren? Im Gespräch tauschen sich die Kinder über ihr Wissen und ihre Vermutungen aus. Anschließend recherchieren sie in Büchern oder im Internet. Sie werden herausfinden, dass nur die oberen Gewässerschichten bis zu einer Tiefe von etwa 80 Zentimeter einfrieren. Da Teiche oder Seen in der Regel tiefer sind, geschieht den Wassertieren nichts. Um eine Vorstellung zu bekommen, wie viel 80 Zentimeter sind, messen die Kinder die Länge mit einem Zollstock nach und messen verschiedene Gegenstände oder Dinge ab. So erlangen die Kinder ein Gefühl für die Dicke der Eisschicht.

Wasser, Kälte, Eis

- **Bildungsbereich:** Natur, Lebenswelt, Technik / Wahrnehmung und Bewegung
- **Alter:** ab 3 Jahre
- **Anzahl:** unbegrenzt
- **Ort:** draußen
- **Material:** Wanne, Eimer, großer Becher, Wasser

Führen Sie diesen Versuch bei Temperaturen unter dem Gefrierpunkt durch, um für die Kinder erlebbar zu machen, wie sich Wasser in Eis verwandelt. Die Kinder füllen Wasser in verschieden große Behälter und lassen diese über Nacht im Freien stehen. Was stellen sie am nächsten Tag fest? Sind die Behälter gleich stark zugefroren? Sind alle Eisschichten gleich dick ? Gefriert das Wasser erst am Boden, an den Seiten oder an der Oberfläche?

Warum schwimmt Eis auf Wasser?

- **Bildungsbereich:** Natur, Lebenswelt, Technik
- **Alter:** ab 6 Jahre
- **Anzahl:** unbegrenzt
- **Ort:** drinnen
- **Material:** Eiswürfel, Wasser, Glasschale, Bild von schwimmenden Eisbergen

Die Eisprinzessin zeigt den Kindern ein Foto von schwimmenden Eisbergen. Erkennen sie, dass nur ein Fünftel bis ein Achtel des Eisbergs über der Wasseroberfläche sichtbar ist? Mit einem kleinen Experiment gehen die Kinder dieser Beobachtung nach. Sie legen mehrere Eiswürfel in eine mit Wasser gefüllte Glasschale. Ebenso wie auf dem Bild zeigt sich, dass die Eiswürfel teils über und teils unter Wasser schwimmen. Können die Kinder erklären, warum gefrorenes Wasser an der Oberfläche schwimmt?

Erklärung der Eisprinzessin: Beim Gefrieren dehnt sich Wasser aus. Das Volumen steigt, die Dichte nimmt ab und ist somit geringer als die von Wasser. Deshalb schwimmen Eisberge auf dem Wasser. Können sich die Kinder vorstellen, wie gefährlich ein schwimmender Eisberg für die Schifffahrt ist?

Warum lässt Salz das Eis schmelzen?

> Wird Kochsalz auf Eis gestreut, lösen sich die darin enthaltenen Natrium- und Chloridionen heraus und verbinden sich mit den gefrorenen Wassermolekülen. Die dabei entstehende Kochsalzlösung zerstört das Kristallgitter im Eis und hat einen Gefrierpunkt von unter -10 Grad Celsius.

Eisfische angeln

- **Bildungsbereich:** Natur, Lebenswelt, Technik
- **Alter:** ab 3 Jahre
- **Anzahl:** unbegrenzt
- **Ort:** drinnen
- **Material:** Eiswürfel, Schaschlikspieße, Wollfäden, Wasser, Wanne, Salz

In einer mit Wasser gefüllten Wanne schwimmen mehrere Eiswürfel. Die Eisprinzessin erklärt, dass es sich hierbei um Eisfische handelt. Sie bittet die Kinder, diese mit ihrer Angel zu fangen. Die Kinder locken die Eisfische an, indem sie diese mit Salz bestreuen. Sobald der Wollfaden ihrer Angelrute die salzige Oberfläche berührt, bleibt dieser sofort daran hängen. Wer fängt die meisten Fische?

Eiswürfelmauer bauen

- **Bildungsbereich:** Natur, Lebenswelt, Technik
- **Alter:** ab 5 Jahre
- **Anzahl:** unbegrenzt
- **Ort:** drinnen oder draußen
- **Material:** Eiswürfel, Salz

Jedes Kind nimmt einen Eiswürfel, streut darauf etwas Salz und legt den nächsten Eiswürfel daran. Wenn es kalt genug ist, wird dieser sofort an ihm festfrieren. Wer baut auf diese Weise die längste Eiswürfelmauer?

Ein neues Jahr macht
sich bereit

Der Januar startet mit einem besonderen Ereignis: Ein neues Jahr beginnt, nachdem es in der Silvesternacht mit Knallern und Raketen begrüßt wurde. Doch welche Bedeutung hat ein Jahr für die Kinder? Dieser Zeitbegriff übersteigt insbesondere das Vorstellungsvermögen der jüngeren Kinder, denn er ist für sie oftmals zu abstrakt. Kinder haben ein anderes Zeitempfinden als Erwachsene. Sie leben hauptsächlich in der Gegenwart, im Hier und Jetzt. Gleichwohl sind auch sie meist schon in einen festen Zeitrahmen eingebunden. Je älter sie werden, desto mehr setzen sie sich konkret mit den Zeitstrukturen von Uhren und Kalendern auseinander.

Gedanken zum Jahreswechsel

Gespräch über Silvester und das Neue Jahr

- **Bildungsbereich:** Sprachliche Bildung
- **Alter:** ab 4 Jahre
- **Anzahl:** unbegrenzt
- **Ort:** drinnen

Als Einstieg in das Thema bietet sich ein Gespräch an, bei dem sich die Kinder über ihre Erlebnisse, Erfahrungen und Gedanken zu Silvester austauschen. Motivieren Sie die Kinder mit folgenden Fragen zum Mitmachen:

- Wo und wie habt ihr Silvester gefeiert?
- Warum wird Silvester gefeiert?
- Was bedeutet Neujahr für euch?
- Was wünscht ihr euch für das neue Jahr?

Lassen Sie die Kinder erzählen, ohne ihre Aussagen zu kommentieren. Bei dem Gespräch erfahren Sie den Wissenstand der Kinder, auf dem Sie Ihre weitere Planung aufbauen. Fallen Begriffe wie Frühling, Sommer, Herbst und Winter? Nennen die Kinder Monate und Tage, Feste und Geburtstage?

Kalender

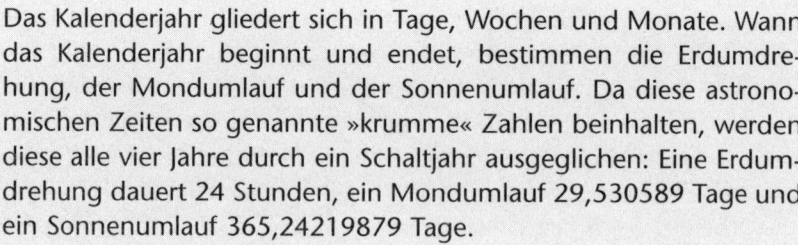

Das Kalenderjahr gliedert sich in Tage, Wochen und Monate. Wann das Kalenderjahr beginnt und endet, bestimmen die Erdumdrehung, der Mondumlauf und der Sonnenumlauf. Da diese astronomischen Zeiten so genannte »krumme« Zahlen beinhalten, werden diese alle vier Jahre durch ein Schaltjahr ausgeglichen: Eine Erdumdrehung dauert 24 Stunden, ein Mondumlauf 29,530589 Tage und ein Sonnenumlauf 365,24219879 Tage.

Bleibende Erinnerungen

- **Bildungsbereich:** Ästhetisch-kreative Bildung
- **Alter:** ab 3 Jahre
- **Anzahl:** unbegrenzt
- **Ort:** drinnen
- **Material:** Digitalkamera und Drucker, Fingerfarbe, DIN-A4-Papier, Zollstock, Pappschild, Stifte

Fotografieren Sie die Kinder zu Beginn jedes neuen Kalenderjahres. Bei den Einzelaufnahmen hält jedes Kind ein Schild mit dem aktuellen Datum in den Händen. Danach darf jedes Kind sein schönstes Foto für einen Ausdruck aussuchen. Die fertigen Ausdrucke werden ausgeschnitten und auf einen DIN-A4-Bogen geklebt. Daneben kommen Hand- und Fußabdrucke. Außerdem wird von jedem Kind die Körpergröße gemessen und notiert.

Tipp: Führen Sie dieses Angebot jedes Jahr durch und legen Sie für jedes Kind eine Erinnerungsmappe an, um den Kindern ihre Entwicklung aufzuzeigen. Wenn möglich, schreiben Sie bei den jährlichen Betrachtungen die Aussagen der Kinder mit und heften Sie diese ebenfalls in die Mappe ein.

Feste im Winter

- **Bildungsbereich:** Natur, Lebenswelt, Technik / Sprachliche Bildung
- **Alter:** ab 4 Jahre
- **Anzahl:** unbegrenzt
- **Ort:** drinnen
- **Material:** Papier, Stifte

Überlegen Sie mit den Kindern, welche Feste es im Winter gibt. Wissen sie auch, welche im Dezember, Januar und Februar gefeiert werden? Bestimmt fallen den Kindern einige Feste ein. Geben Sie eventuell Hilfestellungen, indem Sie die besonderen Tage für Nikolaus, Weihnachten, Silvester und Fasnacht umschreiben. So können die Kinder diese Feste erraten und vielleicht auch erklären, weshalb diese gefeiert werden. Zum Schluss malt jedes Kind ein Bild von dem Fest, das es liebsten mag. Die gesammelten Werke werden im Gruppenraum aufgehängt.

Unterschiedliche Kalender

- **Bildungsbereich:** Natur, Lebenswelt, Technik
- **Alter:** ab 5 Jahre
- **Anzahl:** unbegrenzt
- **Ort:** drinnen
- **Material:** Jahresübersicht, bebilderte Monatskalender, Wochen- und Tageskalender

Legen Sie jeweils einen Jahres-, Monats-, Wochen- und Tageskalender auf den Tisch. Lassen Sie die Kinder beschreiben, wie sich die Kalender unterscheiden und welche Gemeinsamkeiten sie entdecken:

- Sind die Jahreszeiten auf den Kalenderblättern erkennbar?
- Was bedeuten die Zahlen auf den Kalendern?
- Haben alle Kalenderblätter die gleiche Einteilung?
- Wie werden die einzelnen Kalender bezeichnet?
- Welcher Kalender ist für wen am besten?
- Welches Kind hat einen Kalender zu Hause? Wie sieht dieser aus?

Was ist Zeit?

Solange die Kinder die Uhrzeit noch nicht richtig beherrschen, ist es für sie sehr schwierig, Zeiten abzuschätzen. Oftmals kommen Fragen wie, »Dauert es noch lange?« oder »Wie oft muss ich noch schlafen?«. Die Antwort auf die letztere Frage ermöglicht ihnen, ein Gefühl von Zeit zu entwickeln.

Mein Tag in Bildern

- **Bildungsbereich:** Sprachliche Bildung / Ästhetisch-kreative Bildung
- **Alter:** ab 5 Jahre
- **Anzahl:** unbegrenzt
- **Ort:** drinnen
- **Material:** kleine Pappkarten, Stifte, Locher, Wolle

Mit Ihrer Unterstützung beschreiben die Kinder ihren Tagesablauf. Anschließend gestaltet jedes Kind für jeden Tagespunkt eine Bildkarte. Die fertigen Karten werden gelocht und chronologisch so geordnet, dass die erste Karte die erste Aktivität am Morgen zeigt. Danach werden die geordneten Bildkarten mit einem Wollfaden zu einem Buch zusammengebunden. Auf diese Weise erhält jedes Kind seinen persönlichen Tag als kleines Bilderbuch.

Unser Wochenplan

- **Bildungsbereich:** Sprachliche Bildung / Ästhetisch-kreative Bildung
- **Alter:** ab 5 Jahre
- **Anzahl:** unbegrenzt
- **Ort:** drinnen
- **Material:** Plakat, Pappkarten, Stifte, lösbarer Kleber

Bestimmt wissen alle Kinder, dass ihre Kita am Wochenende geschlossen ist. Doch kennen sie auch die einzelnen Wochentage? Um den Kindern den Ablauf einer Woche zu verdeutlichen, erstellen sie unter Ihrer Anleitung

jeweils am Montagmorgen einen Wochenplan. Auf einem großen Plakat werden zunächst alle sieben Wochentage eingezeichnet. Danach fertigen die Kinder für jede Aktivität ein kleines Bild an und kleben dies unter den entsprechenden Wochentag. Auf die gleiche Weise notieren sie, wer an welchem Tag für den Tischdienst, die Blumenpflege und andere Gemeinschaftsdienste verantwortlich ist.

Zwölf Monate hat das Jahr

- **Bildungsbereich:** Sprachliche Bildung / Ästhetisch-kreative Bildung
- **Alter:** ab 5 Jahre
- **Anzahl:** unbegrenzt
- **Ort:** drinnen
- **Material:** Tonkarton, Stifte

Sammeln Sie mit den Kindern alle Monatsnamen eines Jahres. Lassen Sie sie auch erzählen, welche Monate für sie besonders bedeutsam sind. Vielleicht wissen die Kinder sogar schon, wie viele Monate ein Jahr hat. Können sie die Monate auch in der richtigen Reihenfolge nennen? Fertigen Sie für jeden Monat eine größere Bildkarte an und notieren Sie darauf den Monatsnamen. Wer schafft es, die Monatskarten richtig zu ordnen?

Den Januar bewusst erleben

- **Bildungsbereich:** Ästhetisch-kreative Bildung
- **Alter:** ab 5 Jahre
- **Anzahl:** unbegrenzt
- **Ort:** drinnen
- **Material:** Tonpapier, Malpapier, Stifte, Klebepunkte, Lineal

Damit die Kinder eine Vorstellung von der Dauer eines Monats erhalten, fertigen sie mit Ihrer Unterstützung ein Kalenderblatt an. Was ist typisch für den Dezember, den Januar oder den Februar? Für den Januar könnten die Kinder ein Schneebild malen, das sie in den oberen Bereich ihres Kalenderblatts kleben. Darunter tragen sie die Monatstage nach Wochen sortiert ein. Haben Sie feste Aktionen wie Turnen oder Singen? Überlegen Sie mit den

Kindern, an welchen Wochentagen diese stattfinden und tragen Sie diese mit einem typischen Symbol in den Kalender ein.
Legen Sie für jeden Tag einen Klebepunkt in ein Schälchen. Lassen Sie diese die Kinder zählen. Für jeden Tag darf ein anderes Kind einen Punkt auf das Kalenderblatt kleben. Bei der Herstellung des Kalenderblatts bekommen die Kinder eine konkrete Vorstellung, wie lange sie warten müssen, bis der nächste Turntag stattfindet oder der Geburtstag eines Kindes gefeiert wird.

Tipp: Wenn die Kinder Spaß an dem Angebot haben, erstellen Sie mit ihnen in den folgenden Monaten jeweils ein neues Kalenderblatt. Hängen Sie jedes Plakat neben das vorherige Monatsblatt auf. So wird für die Kinder das Fortschreiten des Jahres und Länge der einzelnen Monate sichtbar. Vielleicht erkennen sie sogar, dass nicht jeder Monat mit einem Montag beginnt.

Zwölf Monatsketten

- **Bildungsbereich:** Natur, Lebenswelt, Technik / Ästhetisch-kreative Bildung
- **Alter:** ab 6 Jahre
- **Anzahl:** unbegrenzt
- **Ort:** drinnen
- **Material:** Perlen in zwei Größen und verschiedenen Farben, Schnur, Papier, Stifte

Jedes Kind fertigt für seinen Geburts- oder Lieblingsmonat eine Monatskette an. Als Vorlage erhält es ein Kalenderblatt. Bevor die Ketten aufgefädelt werden können, müssen allerdings noch folgende Fragen geklärt werden:
- Wie viele Tage hat der Monat?
- An welchem Wochentag beginnt der Monat?
- Wie viele Wochen und wie viele Feiertage hat dieser Monat?

Für den Anfang und das Ende des Monats fädeln die Kinder jeweils eine größere Perle auf. Feiertage und der eigene Geburtstag werden mit einer besonderen Perle gekennzeichnet. An der ersten Perle der Kalenderkette wird ein kleines Monatschild befestigt. Zum Schluss werden alle Monatsketten nebeneinander aufgehängt. Welche Kette ist am kürzesten, welche am längsten? Wenn die Kinder mit den Monaten etwas vertrauter sind, ordnen sie die Ketten den jeweiligen Jahreszeiten zu. Gelingt es ihnen auch, mit ihren Ketten einen Jahreskreis auszulegen?

So war unser letztes Jahr

- **Bildungsbereich:** Ästhetisch-kreative Bildung / Sozial-emotionale Bildung
- **Alter:** ab 5 Jahre
- **Anzahl:** unbegrenzt
- **Ort:** drinnen
- **Material:** weißes, grünes, gelbes, braunes Tonpapier, Scheren, Zeitschriften, Kataloge, Fotos, Klebstoff, kleine Karten, Stifte

Wahrscheinlich haben Sie im Laufe des vergangenen Jahres verschiedene Aktionen fotografiert. Legen Sie die Fotos gut sichtbar aus und versuchen Sie diese gemeinsam mit den Kindern in chronologischer Reihenfolge zu ordnen. Bestimmt macht es allen Spaß, in Erinnerungen zu schwelgen und dabei ihre eigenen Veränderungen zu entdecken.

Malen Sie einen Kreis auf einen großen Papierbogen, den Sie in zwölf Monate unterteilen und mit jeweils einem Monatsschildchen versehen. Wählen Sie für die einzelnen Monate jeweils eine typische Farbe der vier Jahreszeiten. Die einzelnen Monatsbereiche sollten so groß sein, dass genügend Fotos darin Platz finden. Falls es nicht von jedem Monat genügend Fotos gibt, überlegen die Kinder, was sie in dieser Zeit gemacht haben und malen zu diesen Aktivitäten eine Bildkarte. Der Gruppenjahreskreis wird als Wanddekoration im Gruppenraum aufgehängt.

Tipp: Legen Sie im Januar einen neuen Jahreskreis an, der Monat für Monat mit neuen Fotos aufgefüllt wird. Die Kinder können die einzelnen Monate durch ihre Erlebnisse besser nachhalten und zuordnen, während sie gleichzeitig das Fortschreiten eines Jahres bewusst mitverfolgen können.

Schatzkisten der Jahreszeiten

- **Bildungsbereich:** Natur, Lebenswelt, Technik / Sozial-emotionale Bildung
- **Alter:** ab 5 Jahre
- **Anzahl:** unbegrenzt
- **Ort:** drinnen
- **Material:** 4 Schuhkartons, Farbe, getrocknete Pflanzen, Papier, Stifte, Klebstoff, Pinsel, Watte, Glitzersterne und weitere Materialien zum Verzieren

Die Kinder nennen die vier Jahreszeiten und überlegen gemeinsam, welche Merkmale für die einzelnen Jahreszeiten typisch sind. Danach bilden die Kinder vier Kleingruppen. Jede Gruppe gestaltet einen Jahreskarton. Die Winterkinder bemalen ihren Karton mit weißer Farbe und verzieren ihn dann mit Watteschneeflöckchen sowie Glitzersternen. Nach Fertigstellung werden alle Schatzkästchen im Laufe des Jahres gefüllt. Im Januar sammeln die Kinder zunächst Materialien für die Winterschatzkiste. Die anderen Kästchen bleiben vorerst leer. Bei Ausflügen in die Natur lassen sich bestimmt schöne Schätze finden. Falls die Kinder gern Schnee und Eis in der Winterschatzkiste hätten, überlegen sie, wie sie diese auf andere Weise darstellen können. Alle Schatzkisten erhalten einen gut zugänglichen Platz im Gruppenraum.

Lieder und Tänze fürs Jahr

Der Jahresuhrtanz

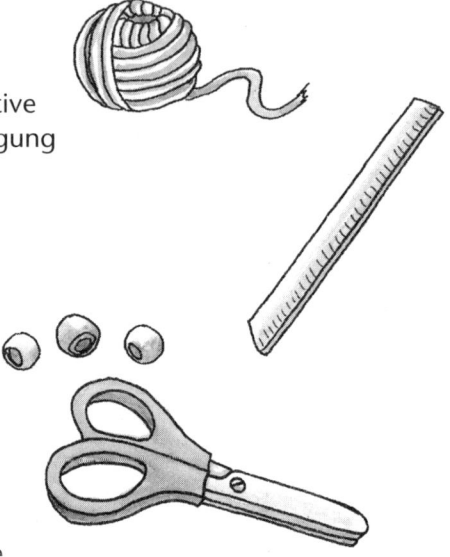

- **Bildungsbereich:** Ästhetisch-kreative Bildung / Wahrnehmung und Bewegung
- **Alter:** ab 3 Jahre
- **Anzahl:** unbegrenzt
- **Ort:** drinnen
- **Material:** grüne, gelbe, weiße und braune Tücher, Federn, Glitzer, Tonkarton, Krepppapier, Naturmaterialien, Scheren, Näh-nadeln, Tacker, Kleber, CD von Rolf Zuckowski mit »Die Jahres-uhr«, Musikabspielgerät

Bei diesem Tanz stellen die Kinder die einzelnen Monate dar. Bevor sie die Tanzbewegungen einüben, gestalten sie noch passende Stoffumhänge, Kränze aus Tonkarton und weitere Utensilien. Jede Jahreszeit wird dabei durch eine Grundfarbe symbolisiert.

Januar: weißer Umhang, Kranz mit Watteschneeflocken
Februar: weißer Umhang, bunte Federn, Glitzer, Pappmaske
März: hellgrüner Umhang und Kranz, Kreppblumen
April: hellgrüner Umhang, Kranz in Regenbogenfarben
Mai: hellgrüner Umhang, Kreppblumen, Kranz mit Maibäumchen
Juni: gelber Umhang, Kranz mit Erdbeeren
Juli: gelber Umhang, Kranz mit Sonne
August: gelber Umhang, Kranz mit Muscheln und Sand
September: brauner Umhang, Kranz mit Äpfeln und Birnen
Oktober: brauner Umhang, Kranz mit Drachen
November: brauner Umhang, Kranz mit Regenwolken
Dezember: weißer Umhang, Kranz mit Weihnachtsstern

Teilen Sie die Kinder in die zwölf Monate ein. In der jeweiligen Verkleidung treten sie vor und finden sich passend zum Liedtext zusammen. Angefasst tanzen sie in den Kleingruppen im Kreis herum, bevor sie sich wieder trennen und an ihren Plätzen auf ihren nächsten Einsatz warten.

Es war eine Mutter ...

- **Bildungsbereich:** Wahrnehmung und Bewegung / Sozial-emotionale Bildung
- **Alter:** ab 3 Jahre
- **Anzahl:** unbegrenzt
- **Ort:** drinnen
- **Material für die Kinder:** Umhänge und Pappkränze der vier Jahreszeiten (siehe Seite 68)
- **Material für die Mutter:** brauner Umhang, Naturmaterialien, Papierblumen, Wattebällchen

Für diesen Tanz können die Kinder die Verkleidungen aus dem oben beschriebenen Angebot verwenden. Übernehmen Sie die Rolle der Mutter und verkleiden Sie sich ebenfalls. Gehen Sie in die Kreismitte und singen Sie gemeinsam mit den Kindern das bekannte Lied »Es war eine Mutter«. Passend zum Text spielen die Kinder ihre Rollen und bringen Ihnen pantomimisch ihre jeweiligen Gaben.

> Es war eine Mutter,
> die hatte vier Kinder:
> den Frühling, den Sommer,
> den Herbst und den Winter.
>
> Der Frühling bringt Blumen,
> der Sommer den Klee.
> Der Herbst, der bringt Trauben,
> der Winter den Schnee.

Den Winter mit allen Sinnen erleben

Der dunkle, kalte und verschneite Winter bietet genügend Möglichkeiten, vielseitige Sinneserfahrungen zu machen. Erforschen Sie mit den Kindern, wie Schnee und Eis das Leben verändern. Versetzen Sie die Kinder in Erstaunen, in dem Sie ihnen nahe bringen, wie Schnee riecht oder wie sie Schneeflocken fallen hören. Vermitteln Sie den Kindern zudem, dass Speiseeis auch im Winter schmeckt. Bei verschiedenen Fühlexperimenten erleben die Kinder hautnah den Unterschied zwischen eiskalt und warm.

Den Winter sehen

Macht Schnee die Welt langsamer?

- Bildungsbereich: Wahrnehmung und Bewegung
- Alter: ab 3 Jahre
- Anzahl: unbegrenzt
- Ort: draußen

Unternehmen Sie mit den Kindern einen Ausflug in die verschneite Umgebung. Bei dieser Exkursion können sie beobachten, wie sich Menschen zu Fuß, in ihren Autos und auf ihren Fahrrädern bewegen:

– Gehen die Menschen langsamer als an schneefreien Tagen?
– Heben die Menschen ihre Füße höher als sonst?
– An welchen Stellen kommen die Menschen ins Rutschen?
– Wie sicher kommen die Radfahrer voran?
– Schieben einige Radfahrer ihre Fahrräder?
– Fahren die Autos langsamer als sonst durch die Straßen?
– Kommen viele Autos beim Halt an der Ampel oder am Zebrastreifen ins Rutschen?
– Was beobachten die Kinder, wenn die Autos losfahren?

Schneeflocken erforschen

- Bildungsbereich: Wahrnehmung und Bewegung / Natur, Lebenswelt, Technik
- Alter: ab 3 Jahre
- Anzahl: unbegrenzt
- Ort: draußen
- Material: Lupen, schwarzer Karton, Faden, Schere

Gehen Sie mit den Kindern bei Schneefall hinaus, damit sie das Aussehen der Schneeflocke genau unter die Lupe nehmen können. Die Kinder fangen einzelne Schneeflocken auf schwarzem Karton ein und betrachten sie genau. Wie viele Zacken haben die Flocken? Erkennen die Kinder ein Muster? Bestimmt werden sie feststellen, dass jede Schneeflocke zwar sechs Zacken hat, aber anders aussieht. Bedeutet dies, dass die Flocken auch unterschiedlich groß sind? Um dieser Frage nachzugehen, legen die Kinder einen Faden neben ihre aufgefangenen Schneeflocken und schneiden die entsprechenden Längen ab. Später vergleichen die Kinder ihre Fäden. Wer hat die längste und wer die kürzeste Schneeflocke gefunden?

Den Winter hören

Schnee hören

- **Bildungsbereich:** Natur, Lebenswelt, Technik / Wahrnehmung und Bewegung
- **Alter:** ab 3 Jahre
- **Anzahl:** unbegrenzt
- **Ort:** draußen

Haben die Kinder schon einmal darauf geachtet, ob Schneeflocken zu hören sind? Wie sie wissen, können sie Regentropfen umso besser hören, je stärker es regnet. Erforschen Sie mit den Kindern, ob es sich bei Schnee auch so verhält, wenn die Flocken auf den Boden oder auf einen Baum fallen. Können sie das Fallen der Schneeflocken hören?

Schnee und Stille

Die meisten Menschen verbinden Schnee mit Stille. Die Landschaft und unsere Städte scheinen ruhiger zu sein, wenn sie mit frisch gefallenem Schnee überzogen sind. Wissenschaftler haben herausgefunden, dass Schnee tatsächlich Stille erzeugt. Da insbesondere Pulverschnee sehr leicht und flockig ist, verfängt sich der Schall in den Hohlräumen zwischen den Eiskristallen und wird durch beinahe endlose Kristallgänge geleitet. Hier wird die Schallenergie aufgenommen und in Wärmeenergie umgewandelt.

Schneegeräusche

- **Bildungsbereich:** Wahrnehmung und Bewegung
- **Alter:** ab 3 Jahre
- **Anzahl:** unbegrenzt
- **Ort:** draußen
- **Material:** Aufnahmegerät mit Kassette und Mikrofon

Obwohl Schneeflocken für das menschliche Ohr nicht hörbar sind, gibt es typische Schneegeräusche. Erinnern sich die Kinder, in welcher Situation sie Schnee gehört haben? Nach diesem Gedankenaustausch geht es hinaus in den Schnee. Wer findet typische Schneegeräusche oder kann sogar selbst welche erzeugen? Vielleicht kann ihnen die Schneekönigin helfen:

- Wer hört das Knirschen beim Gang durch den Pappschnee?
- Welche Geräusche machen die Autos, wenn sie durch den Schneematsch fahren?
- Wie hört es sich an, wenn Schnee von einem Ast geschüttelt wird?
- Welche Geräusche entstehen beim Rollen einer Schneekugel?

Vielleicht haben einige Kinder Lust, die Geräusche aufzunehmen und den anderen später vorzuspielen. Erraten sie, welche Situationen hier wiedergegeben werden?

Den Winter riechen

Wie riecht Schnee?

- **Bildungsbereich:** Natur, Lebenswelt, Technik / Wahrnehmung und Bewegung
- **Alter:** ab 3 Jahre
- **Anzahl:** unbegrenzt
- **Ort:** drinnen

Einige Menschen erzählen, dass sie Schnee riechen können. Aber geht das überhaupt? Wie riecht Schnee eigentlich? Um dies herauszufinden, gehen die Kinder im Freien auf Schnuppertour. Im Wald, auf dem Feld, im Garten und auf der Straße nehmen sie Geruchsproben. Riecht Schnee oder ist er geruchlos?

Riechst du den Schnee?

Eigentlich riecht Schnee nicht. Fällt er jedoch langsam zur Erde, nimmt er die natürlichen und künstlichen Duftmoleküle seiner Umgebung auf. Aus diesem Grund riecht Schnee in verschiedenen Gebieten unterschiedlich.

Manche Menschen können bevorstehenden Schneefall riechen, wenn bestimmte Witterungsbedingungen vorherrschen: Erforderlich sind ein Tiefdruckgebiet, ein bestimmter Luftdruck und eine Temperatur um den Gefrierpunkt. Diese Kombination erzeugt spezifische Duftmoleküle in der Luft, die allerdings nur von einer Nase mit ausreichend Dufterfahrung wahrgenommen werden kann.

Weihnachtsdüfte

- **Bildungsbereich:** Wahrnehmung und Bewegung
- **Alter:** ab 3 Jahre
- **Anzahl:** unbegrenzt
- **Ort:** drinnen und draußen
- **Material:** Nadelholzzweige, Anissterne, Nelken, Zimtstangen, Kerzen aus Bienenwachs und Paraffin

Unternehmen Sie mit den Kindern verschiedene Duftexkursionen innerhalb und außerhalb der Einrichtung. Lassen Sie die Kinder bewusst die unterschiedlichen Gerüche wahrnehmen.

- – Sie riechen an Nadelgehölzen. Riechen alle gleich?
- – Sie schnuppern an einer Plätzchendose. Welche Gewürze erkennen sie?
- – Sie besuchen einen Weihnachtsmarkt. Welche Düfte mögen sie?
- – Sie entzünden eine Kerze aus Bienenwachs und eine aus Paraffin. Welche Kerze duftet besser?

Den Winter fühlen

Wechselbäder

- **Bildungsbereich:** Wahrnehmung und Bewegung
- **Alter:** ab 3 Jahre
- **Anzahl:** unbegrenzt
- **Ort:** drinnen
- **Material:** Plastikwannen, kaltes und warmes Wasser, Handtücher, Unterlage für die Wannen

Bei diesem Experiment finden sich die Kinder paarweise zusammen. Jedes Paar erhält zwei Plastikwannen, die mit kaltem und warmem Wasser gefüllt sind. Die Kinder tauchen ihre Unterarme oder Füße abwechselnd in warmes und kaltes Wasser. Wie empfinden sie die unterschiedlichen Temperaturen? Wie lange schaffen sie es, die Arme oder Füße ins kalte Wasser zu halten?

Empfinden sie das warme Wasser anschließend wärmer als zuvor? Wenn das warme Wasser abgekühlt ist, tauschen sich alle Kinder im Gesprächskreis über ihre Erfahrungen aus.

Schnee im Warmen fühlen

- **Bildungsbereich:** Wahrnehmung und Bewegung
- **Alter:** ab 3 Jahre
- **Anzahl:** unbegrenzt
- **Ort:** drinnen
- **Material:** Plastikwanne, Schnee, Schaufeln, Handtücher, wasserfeste Unterlage

Füllen Sie eine Wanne mit Schnee und bringen Sie diese ins Haus. Im warmen Raum können die Kinder den Schnee nun intensiv mit Händen und Füßen wahrnehmen:

- Wie fühlt sich der Schnee in der Hand an?
- Wie lange dauert es, bis Schnee in der Hand schmilzt?
- Wer traut sich, mit nackten Füßen in die Schneewanne zu steigen?
- Wie lange ist es darin auszuhalten?
- Wie fühlt sich das Fußbad im Schnee an?

Warme und kalte Gegenstände und Materialien

- **Bildungsbereich:** Wahrnehmung und Bewegung
- **Alter:** ab 3 Jahre
- **Anzahl:** unbegrenzt
- **Ort:** drinnen

Bei einer Erkundungstour in den Räumen der Kita suchen die Kinder nach warmen und kalten Gegenständen. Im Waschraum, in der Küche, im Büro, im Bewegungsraum, im Eingangsbereich und im Keller befühlen sie die Oberflächen von Steinen, Spiegeln, Wasserhähnen, Türklinken, Möbeln, Kleidung, Geschirr, Töpfen, Werkzeugen und anderen Alltagsgegenständen. Sie erfahren, wie diese Materialien auf Temperaturen reagieren.

So schmeckt der Winter

Winterfrüchte aus dem Süden

- **Bildungsbereich:** Wahrnehmung und Bewegung
- **Alter:** ab 3 Jahre
- **Anzahl:** unbegrenzt
- **Ort:** drinnen
- **Material:** Mandarinen, Clementinen, Mandarinenkompott, Orangen-marmelade, Apfelsinen, Blutorangen, Grapefruit, Obstmesser, Orangen-presse, Löffel, Trinkbecher, Kompottschälchen

Typische Früchte des Winters sind Apfelsinen und Mandarinen. Sie sind nicht nur leuchtend orange, sondern auch sehr vitaminreich. Das ist ein guter Grund, um die Winterfrüchte mit den Kindern bewusst zu genießen. Bevor Sie mit dem Gaumenschmaus beginnen, zählen die Kinder auf, welche Zubereitungsweisen sie kennen. Danach werden die Kostproben zubereitet. Das Frischobst wird geschält und zerkleinert oder ausgepresst, die Marmelade und Kompott werden in kleine Schälchen gegeben.

Mit verbundenen Augen probieren die Kinder die süßen und sauren Winterfrüchte. Sie erfahren, wie sich diese vom Geschmack und der Konsistenz unterscheiden. Bestimmt werden die Kinder schnell ihre Vorlieben bekannt geben. Stellt sich dabei heraus, dass eine Frucht sowie Zubereitungsart besonders gut oder gar nicht bei den Kindern ankommt?

Schokoladeneiscreme selbst gemacht

- **Bildungsbereich:** Natur, Lebenswelt, Technik / Wahrnehmung und Bewegung
- **Alter:** ab 3 Jahre
- **Anzahl:** unbegrenzt
- **Ort:** drinnen
- **Material:** Eiswürfel, größere Keramikschüssel, kleinere Metallschüssel, Küchenbrett, Geschirrtuch, Hammer, Salz, Löffel, Kakao, Fruchtjoghurt

Haben die Kinder schon einmal leckeres Speiseeis selbst hergestellt? Sie brauchen dafür nicht einmal eine Eismaschine. Zeigen Sie den Kindern ein Verfahren, das ganz ohne Strom funktioniert.

Die Kinder wickeln möglichst viele Eiswürfel in ein Geschirrtuch und legen dies auf ein Küchenbrett. Dann schlagen sie mit einem Hammer kräftig auf das Tuch, bis alle Eiswürfel zerkleinert sind. Die Eisstückchen schütten sie in eine größere Keramikschüssel, bestreuen sie mit Salz und verrühren das Gemisch. Anschließend geben sie in eine kleine Metallschüssel etwas Kakao oder Fruchtjoghurt und stellen diese in die große Eisschüssel. Von Zeit zu Zeit nehmen die Kinder die kleinere Schüssel heraus. Vorsichtig drehen sie die bereits gefrorene Masse um, damit der noch flüssige Kakao oder Fruchtjoghurt die Schüsselwände benetzen und dort gefrieren kann. Auf diese Weise nimmt die Eismasse ständig zu. Ist schließlich die gesamte Flüssigkeit gefroren, dürfen alle Kinder das leckere Speiseeis genießen.

Eismaschine ohne Strom

Im Jahre 1843 erfand die amerikanische Hausfrau Nancy Johnson die Eisherstellung ohne Strom. Sie kaufte von fliegenden Händlern Eisblöcke, die sie aus den gefrorenen Flüssen geschlagen hatten. Mit diesen Eisblöcken füllte Nancy Johnson einen Holzbottich und gab reichlich Salz dazu. In das Eis-Salz-Gemisch hängte sie ein Metallgefäß mit Milch. Danach schloss sie den Bottich. Das entstandene Speiseeis verrührte sie so lange, bis es cremig wurde.

Tiere im Winter

In allen Regionen unserer Erde hat sich die Tierwelt auf unterschiedliche Weise den vorherrschenden Umweltbedingungen angepasst. Diese Fähigkeit ermöglicht es den Tieren selbst bei extremen Witterungsverhältnissen und knappen Nahrungsvorkommen zu überleben.

Winterpause im Tierreich

Winterschläfer Igel

- **Bildungsbereich:** Natur, Lebenswelt, Technik / Sprachliche Bildung
- **Alter:** ab 4 Jahre
- **Anzahl:** unbegrenzt
- **Ort:** drinnen
- **Material:** Igelfigur

Damit die Kinder den Winterschläfer Igel kennen lernen, stellt er sich mit einer kurzen Geschichte vor.

> Hallo, ich bin Hugo, der Igel. Eigentlich halte ich gerade Winterschlaf. Ich bin nur mal kurz aufgewacht, um mir etwas zum Essen zu suchen. Sobald es draußen kälter wird, schlafe ich ein und werde erst wieder wach, wenn der Frühling kommt und es wärmer wird. Weil ich beim Schlafen nichts tressen kann, muss ich mir im Herbst eine dicke Fettschicht anfuttern. Das ist wichtig, denn im kalten Winter gibt es keine köstlichen Fliegen oder andere Leckereien. Wenn ich schlafe, atme ich kaum. Auch mein Herz schlägt viel langsamer als sonst. Ich schlafe in einem kuscheligen Nest, das ich mir im Laub oder unter Holzstapeln gebaut habe. Wenn es eisig-kalt ist, wache ich auf. Dann bewege ich mich hin und her, damit mir wärmer wird und ich nicht erfriere.

Atmung und Herzschlag

- **Bildungsbereich:** Natur, Lebenswelt, Technik
- **Alter:** ab 5 Jahre
- **Anzahl:** unbegrenzt
- **Ort:** drinnen
- **Material:** Stoppuhr, Plakat, Lineal, Stifte

Bei dem Angebot erfahren die Kinder in einem Selbstversuch, wie der Igel seinen Herzschlag und seine Atmung je nach Jahreszeit verändert. Erzählen Sie ihnen zur Einstimmung, dass der Igel im Sommer 40 bis 50 Mal pro

Minute atmet. Im Winter atmet er nur ein bis zwei Mal pro Minute. Das Igelherz schlägt im Sommer 200 Mal pro Minute und im Winter nur noch fünf Mal.

Wie oft atmen die Kinder pro Minute? Reihum werden die Atemzüge der einzelnen Kinder gemeinsam mitgezählt, während Sie mit einer Stoppuhr die Zeit nehmen. Die ermittelten Werte tragen Sie in ein großes Wandplakat ein, das für jedes Kind eine vorbereitete Zeile enthält. Als Nächstes versuchen die Kinder in einer Minute so wenig wie möglich zu atmen. Wie oft müssen die Kinder Luft holen? Auch diese Werte werden wieder dokumentiert. Wer schafft es, so wenig wie ein Igel zu atmen?

Nun erforschen die Kinder ihren Herzschlag. Während Sie wieder die Zeit stoppen, zählen die Kinder ihre Pulsschläge innerhalb einer Minute. Die Werte werden ebenfalls auf das Plakat geschrieben. Um herauszufinden, wie ihr Herz bei Kälte schlägt, wird der Versuch im Freien wiederholt. Notieren Sie die Ergebnisse zunächst auf einem Merkzettel und übertragen Sie diese anschließend auf das Plakat. Unterscheiden sich die Werte der Kinder bei Wärme und Kälte? Abschließend vergleichen die Kinder ihre Werte mit denen des Igels. Was stellen sie fest?

Wie kalt wird der Igel im Winter?

- **Bildungsbereich:** Natur, Lebenswelt, Technik
- **Alter:** ab 5 Jahre
- **Anzahl:** unbegrenzt
- **Ort:** drinnen
- **Material:** Fieberthermometer, Badethermometer, kaltes und warmes Wasser, Schüsseln, Schöpfkelle, wasserfeste Unterlage, Tonkarton, Schere, Stifte

Bei einem Selbstversuch erfahren die Kinder ihre Körpertemperaturen durch Messen mit einem Fieberthermometer. Notieren Sie die Werte. Dann fertigen die Kinder aus Tonkarton zwei Thermometer an. Auf einem Exemplar tragen sie ihre Temperaturen ein. Auf dem anderen Exemplar markieren sie die Körpertemperatur des Igels. Den Wachzustand markieren sie bei 37 Grad und

den Winterschlaf bei 5,5 Grad Celsius. Die Kinder vergleichen die beiden Thermometer miteinander. Was stellen sie fest? Bestimmt werden sie erkennen, dass die Körpertemperatur des Igels im Sommer ähnlich wie ihre eigene ist und sich nur im Winter deutlich unterscheidet. Um eine konkrete Vorstellung von den Temperaturen zu bekommen, mischen sie warmes und kaltes Wasser an. Dann fassen sie in die Wasserbehälter. Wie empfinden sie die Wassertemperaturen?

Winterruher Eichhörnchen

Das Eichhörnchen gehört zu den Tieren, die eine Winterruhe einlegen. Da es lediglich ruht, verändert sich sein Stoffwechsel nur wenig. Seine Körpertemperatur sinkt kaum, aber sein Herz schlägt weniger als im Sommer. Da sich das Eichhörnchen im Herbst ein dickes Fettpolster anfrisst, braucht es im Winter weniger Nahrung und kann mehr Ruhepausen einlegen. So spart es Energien. Nur hin und wieder sucht es eines seiner zahlreichen Verstecke auf, in denen ungefähr 10.000 Eicheln, Nüsse und Tannenzapfen vergraben sind. Hat es ein Versteck geleert, markiert das vergessliche Eichhörnchen dieses mit einer Duftnote.

Bewegungsgeschichte: Das Eichhörnchen

- **Bildungsbereich:** Wahrnehmung und Bewegung / Natur, Lebenswelt und Technik
- **Alter:** ab 3 Jahre
- **Anzahl:** unbegrenzt
- **Ort:** Bewegungsraum
- **Material:** Turnmatten

Bei einer Bewegungsgeschichte erfahren die Kinder, wie das Eichhörnchen den Winter verbringt. Vor Beginn der Geschichte legt sich jedes Kind auf eine Turnmatte. Beginnen Sie nun zu erzählen und lassen Sie den Kindern ausreichend Zeit, damit sie das Verhalten des Eichhörnchens pantomimisch nachahmen können:

Hoch oben im Baum liegt das Eichhörnchen zusammengerollt in seinem gemütlichen Nest aus Blättern, Moos und Zweigen. Das Nest wird Kobel genannt. Das Eichhörnchen hat sich mit seinem buschigen Schwanz zugedeckt. So spürt es die Kälte nicht.

Seit mehreren Tagen liegt es bewegungslos in seinem Kobel. Mal schläft es, mal döst es vor sich hin. Plötzlich wird das Eichhörnchen von einem Knurren aus seinem Bauch geweckt. Es hat Hunger. Es reckt und streckt sich. Es hebt den Kopf. Vorsichtig schaut es aus seinem Kobel heraus und blinzelt mit den Augen. Kalter Wind pustet ihm ins Gesicht. Das Eichhörnchen schüttelt sich. Nun ist es richtig wach. Blitzschnell klettert es aus seinem Kobel und den Baum hinunter. Unten angekommen, bleibt es stehen und schaut sich nach allen Seiten um ... Wo hat es denn nur seine Eicheln, Nüsse und Zapfen versteckt? Hungrig läuft das Eichhörnchen los. Es gräbt hier und dort. Wo waren denn bloß die Verstecke? Es stellt sich auf seine Hinterbeine und macht sich ganz groß. Nun hat es einen viel besseren Überblick. Endlich erinnert sich das Eichhörnchen an ein Versteck. Schnell läuft es zur alten Eiche. Es reckt sich so gut es kann und greift in eine kleine Baumhöhle. Geschafft! Mit beiden Vorderfüßen holt es eine Eichel nach der anderen aus dem Versteck und knabbert sie auf. Endlich ist das Eichhörnchen satt. Allmählich spürt es auch, wie die Kälte durch sein dichtes Fell kriecht. Flink läuft es mit seinen kleinen Füßchen zurück zu seinem Baum. Eilig klettert es hinauf und kriecht in seinen kuscheligen Kobel. Kaum hat es sich mit seinem buschigen Schwanz zugedeckt, ist es auch schon eingeschlafen.

Der Frosch in der Winterstarre

Frösche sind wie alle anderen Amphibien wechselwarm. Das heißt, ihre Körpertemperatur und Atmung passen sich den Temperaturen ihrer Umgebung an. So atmet der Frosch bei Temperaturen um 30 Grad Celsius etwa 88 Mal pro Minute, während er bei 5 Grad Celsius seine Atmung einstellt. Je weiter die Temperaturen sinken, desto langsamer bewegt er sich. Vor Eintritt der Winterstarre verkriecht er sich im Moos oder Schlamm, in einer Kies- oder Lehmgrube, in einem Mäuseloch oder Baumstamm. In seinem Versteck verharrt er regungslos von Oktober bis März.

Entspannungsübung: Frösche in der Winterstarre

- **Bildungsbereich:** Natur, Lebenswelt, Technik / Wahrnehmung und Bewegung
- **Alter:** ab 4 Jahre
- **Anzahl:** unbegrenzt
- **Ort:** drinnen

Die Kinder spielen Frösche, die sich zum Text der Geschichte bewegen. Um sie möglichst lange zum Aushalten der Starre zu motivieren, können Sie dieses Angebot als Ausscheidungsspiel anbieten. Das Spiel ist für die Kinder beendet, die sich bewegen.

Es ist Sommer. Viele kleine Frösche hüpfen im Gras herum oder sie schwimmen und tauchen in ihrem kleinen Teich. So vergehen die Tage und der Herbst beginnt. Es wird immer kälter. Die Frösche bewegen sich immer langsamer. Ihre Sprünge werden kleiner und kleiner. Eines Tages können sie nur noch kriechen. Spätestens jetzt merken sie, dass der Winter naht. Ihre Körper sind schon genau so kalt wie die Luft. Schnell müssen sie sich jetzt einen sicheren Unterschlupf suchen, an dem sie bis zum Frühling ungestört überwintern können. Ein Frosch kriecht ins Moos. Einer schleppt sich in ein Schlammloch und ein anderer krabbelt mit letzter Kraft in ein Mauseloch. Alle Frösche kauern sich zusammen und bleiben sofort bewegungslos liegen.

So schützen sich Tiere vor Kälte

Warmhaltetricks der Tiere

- **Bildungsbereich:** Natur, Lebenswelt, Technik / Sprachliche Bildung
- **Alter:** ab 4 Jahre
- **Anzahl:** unbegrenzt
- **Ort:** drinnen
- **Material:** Bilder von Schafen, Hasen, Rehen, Eisbären, Pinguinen und Robben

Viele Tiere haben Strategien entwickelt, um sich vor Kälte zu schützen. So legen sich Feldhasen und Rehe im Schneegestöber auf den Boden und warten, bis sie von einer Schneedecke umhüllt sind. Fallen den Kindern noch mehr Tricks ein oder können sie sich vorstellen, wie sich die Tiere vor Kälte schützen? Legen Sie Fotos von Pinguinen und anderen Tieren aus, die für die Kinder eine Orientierung oder Denkhilfe sein können. Nutzen Sie das Gespräch als Einstieg für die nachfolgenden Angebote.

Fell wärmt die Tiere

- **Bildungsbereich:** Natur, Lebenswelt, Technik / Wahrnehmung und Bewegung
- **Alter:** ab 5 Jahre
- **Anzahl:** Kleingruppen à 3-4 Kinder
- **Ort:** draußen und drinnen
- **Material:** Fellreste, Stoffe, Wolle, Styropor, Steine, Laub, Watte, Papier, Uhr, warmes Wasser (40 Grad Celsius), für jede Kleingruppe 1 Wärmflasche, 1 Badethermometer und 1 Becher

Bei diesem Experiment erfahren die Kinder, wie ein Fell vor der Kälte schützt. Teilen Sie die Kinder in Kleingruppen auf und legen Sie auf einem Tisch verschiedene Isolationsmaterialien aus. Jede Gruppe wählt eines der Materialien und erhält eine mit warmem Wasser gefüllte Wärmflasche. Die

Flasche stellt ein Tier dar, das vor der Kälte geschützt werden soll. Dann gehen alle Kleingruppen gemeinsam ins Freie. Sie verpacken ihre Wärmflaschen mit den gewählten Isolationsmaterialien und legen diese dann auf den Boden. Nach etwa zehn Minuten bringen die Kinder ihre Flaschen in den Raum zurück, um die Wassertemperaturen in den Flaschen zu kontrollieren. Sie füllen das Wasser in einen Becher und messen die Temperatur. Welche Materialien haben die Wärme am besten und welche am wenigsten gespeichert? Erkennen die Kinder, wie wichtig es für die Tiere ist, dass sie im Winter dickeres Fell bekommen?

Überlebenskünstler in den Eismeeren

Der Eisbär besitzt hohle, durchsichtige Haare, die durch das Licht weiß erscheinen. Sie leiten die Wärme auf seine Haut. Diese ist tiefschwarz und nimmt die Wärme gut auf. Sein dichtes Fell wärmt so gut, dass der Eisbär keine Kälte spürt. Allerdings bewirkt diese Isolation auch umgekehrt, so dass sie keinerlei Körperwärme nach draußen abgibt. Diese Funktion übernimmt seine blaue Zunge. Deshalb lässt der Eisbär sie oft heraushängen und hechelt bei Anstrengung wie ein Hund.

Schwarze Eisbärenhaut

- **Bildungsbereich:** Natur, Lebenswelt, Technik
- **Alter:** ab 3 Jahre
- **Anzahl:** unbegrenzt
- **Ort:** drinnen
- **Material:** Foto von Eisbären, Lampe, schwarzer Handschuh, weißer Handschuh

Zeigen Sie den Kindern ein Foto von Eisbären. Bestimmt erkennen sie gleich, um welches Tier es sich handelt. Doch wissen sie auch, welche Farbe seine Haut hat? Wahrscheinlich werden sie überrascht sein, dass seine Haut

schwarz und nicht weiß wie sein Fell ist. Für den Eisbären hat dies den Vorteil, dass er immer warm bleibt und nicht frieren muss.

Verdeutlichen Sie den Kindern mit einem Versuch, dass dunkle Farben mehr Wärme speichern als helle Farben: Die Kinder legen einen weißen und einen schwarzen Handschuh so unter eine Lampe, dass beide einige Minuten lang angestrahlt werden. Danach schlüpfen die Kinder reihum in beide Handschuhe. Sie werden feststellen, dass der schwarze Handschuh wärmer ist als der weiße.

Hohle Bärenhaare

- **Bildungsbereich:** Natur, Lebenswelt, Technik
- **Alter:** ab 6 Jahre
- **Anzahl:** unbegrenzt
- **Ort:** draußen
- **Material:** Mikroskop, Haar, Strohhalme, Lampe, schwarzen Tonkarton, doppelseitiges Klebeband

Unter einem Mikroskop betrachten die Kinder ein Menschenhaar. Danach beschreiben sie es und überlegen, wie die Fellhaare eines Eisbären aussehen. Wie müssten sie beschaffen sein, damit sie möglichst gut vor Kälte schützen? Vielleicht nennen die Kinder ein paar interessante Ideen, die Sie für Ihre Projektdokumentation mitschreiben können.

Erklären Sie den Kindern, dass die Fellhaare beim Eisbären innen hohl sind. Zur Veranschaulichung reichen Sie ein paar Strohhalme herum. Diese schneiden die Kinder in gleich lange Stücke und kleben sie wie ein Bärenfell auf schwarzen Tonkarton. Nun schalten sie eine Lampe ein und halten diese wie eine Sonne über das nachgebaute Bärenfell. Erklären Sie den Kindern, dass die Sonnenstrahlen wie bei dem Modell durch die Haare des Eisbären direkt auf seine schwarze Haut geleitet werden. Die hohlen Haare wirken wie eine Wand, welche die kalte Polarluft draußen hält und die Körperwärme drinnen speichert.

Kuschelzeiten

- **Bildungsbereich:** Natur, Lebenswelt, Technik / Wahrnehmung und Bewegung
- **Alter:** ab 3 Jahre
- **Anzahl:** unbegrenzt
- **Ort:** draußen oder drinnen

Königs- und Kaiserpinguine leben in den südlichsten Regionen unserer Erdkugel, in der Antarktis und Subantarktis. Um bei eisigen Temperaturen möglichst wenig Wärme zu verlieren, rücken sie eng zusammen und kuscheln sich aneinander. Lassen Sie die Kinder bei einer Mitmachgeschichte diese Art des gegenseitigen Wärmens selbst erleben. Bei kalten Temperaturen bietet sich das Spiel auch für draußen an, da die Kinder den Wärmeunterschied gut spüren können.

Stellt euch vor, ihr seid Pinguine. Ihr lebt am Südpol der Erde. Zusammen mit vielen anderen Pinguinen steht ihr am Meer. Ein eiskalter Wind weht über die Küste. Spürt ihr die Kälte? Eurer Gefieder ist so dicht wie ein Fell, aber die eisigen Temperaturen merkt ihr dennoch. Frierend watschelt ihr herum und bildet eine riesige Gruppe. Watschelnd kommt ihr immer näher zusammen, bis ihr eure Nachbarn berührt. Nun kuschelt ihr euch noch enger aneinander. Spürt ihr die Wärme der anderen Pinguine. Wie ist es für die Pinguine, die in der Mitte stehen? Ist es dort warm? Wie ist es für die Pinguine, die am äußeren Rand der Gruppe stehen? Langsam haltet ihr die Kälte nicht mehr aus. Ihr watschelt nun langsam in die Gruppe hinein, um eure Plätze zu tauschen. Alle Pinguine, die außen waren, watscheln nach innen. Alle Pinguine, die innen waren, watscheln nach außen. Ihr müsst bei diesem Platzwechsel immer ganz dicht beisammen bleiben, damit ihr keine Wärme verliert. Auf diese Weise machen das auch die Pinguine in der Antarktis. Sie wechseln von Zeit zu Zeit ihre Plätze, damit jeder einmal in der Mitte steht und von den anderen Pinguinen gewärmt wird.

Spuren im Schnee erkennen

Spurensuche

- **Bildungsbereich:** Natur, Lebenswelt, Technik / Wahrnehmung und Bewegung
- **Alter:** ab 5 Jahre
- **Anzahl:** unbegrenzt
- **Ort:** draußen
- **Material:** Bestimmungsbuch

Bedeckt eine dichte Schneedecke die benachbarten Felder, Wiesen, Wege und Straßen? Nutzen Sie die Gelegenheit, um auf Spurensuche zu gehen. Bei einem Ausflug entdecken die Kinder bestimmt viele verschiedene Abdrücke im Schnee. Erraten sie, von welchen Tieren die Spuren stammen? War hier ein Hase, ein Reh, ein Eichhörnchen oder eine Katze unterwegs? Damit die stolzen Entdecker ihre Aussagen überprüfen können, nehmen sie ein Bestimmungsbuch mit.

Vorsicht, die Füchse kommen!

- **Bildungsbereich:** Wahrnehmung und Bewegung
- **Alter:** ab 6 Jahre
- **Anzahl:** unbegrenzt, 2 erwachsene Begleitpersonen
- **Ort:** verschneiter Wald

Die Kinder bilden zwei Gruppen. Sie spielen eine Mäusegruppe auf Nahrungssuche, die von einer hungrigen Fuchsmeute verfolgt wird. Die Mäusegruppe geht zuerst los und verschwindet ganz leise im Wald. Um es ihren Verfolgern schwieriger zu machen, dürfen die kleinen Nager auch falsche Fährten legen. Am Ziel markieren sie ihr Gebiet mit den vorhandenen Naturmaterialien. Dann verteilen sie sich in verschiedenen Verstecken. Nach einigen Minuten nehmen die Füchse die Verfolgung auf und suchen die Fußspuren der Mäuse. Schaffen es die Füchse, die Mäuse zu finden? Sind alle Mäuse gefangen, werden die Rollen getauscht.

Naturerlebnis Vogelfütterung

Immer wieder wird die Frage diskutiert, ob Vogelfütterungen im Winter notwendig sind. Für den Artenschutz ist eine Fütterung nicht erforderlich, da fast nur häufig vorkommende Vögel wie Blaumeise, Kohlmeise, Amsel, Haussperling, Buchfink oder Rotkehlchen zu den Futterstellen kommen. Seltene Vogelarten ernähren sich auch im Winter selbst.

Für die Kinder bieten die künstlichen Futterstellen gute Gelegenheiten für interessante und faszinierende Erlebnisse. Hier können sie die Vögel aus nächster Nähe sehen. Diese Möglichkeit sensibilisiert sie für die Natur und die gefiederten Tiere. Daneben werden ihre Beobachtungsfähigkeit und Entdeckungsfreude gefördert, so dass sie spielerisch ihr Wissen über die verschiedenen Arten erweitern.

Wichtige Regeln für die Vogelfütterung

Füttern Sie die Vögel nur, wenn zwei Bedingungen gleichzeitig vorherrschen: dauerhaft geschlossene Schneedecke und Temperaturen unter -5 Grad Celsius.

Die Futterstelle muss vor Regen, Wind und Schnee geschützt sein.

Dass Futterhäuschen muss für Katzen unerreichbar sein.

Das Futter sollte so angeboten werden, dass die Vögel nicht darin sitzen müssen und es mit Kot beschmutzen.

Verfüttern Sie kein Brot oder salzhaltige Essensreste.

Vögel am Futterhäuschen

- **Bildungsbereich:** Natur, Lebenswelt, Technik / Wahrnehmung und Bewegung / Ästhetisch-kreative Bildung
- **Alter:** ab 3 Jahre
- **Anzahl:** unbegrenzt
- **Ort:** drinnen
- **Material:** Digitalkamera, Zeitschriften, Bestimmungsbücher, Papier, Stifte, Internet, Farbdrucker, Scheren, Plakat, Kleber

Entdecken Sie mit den Kindern, welche Vögel zu künstlich aufgebauten Futterstellen kommen. Welche der gefiederten Tiere kennen die Kinder schon? Welche Vögel entdecken sie zum ersten Mal?

Mit Hilfe von Bestimmungsbüchern lernen die Kinder die verschiedenen Vogelarten kennen und vertiefen bereits vorhandenes Wissen. Danach gestalten sie mit Ihrer Hilfe ein Plakat, das alle Vögel an ihrem Vogelhäuschen zeigt. Die Kinder malen die Futterstelle und kleben dazu Bilder von den beobachteten Vögeln. Diese können sie selbst malen oder fotografieren. Sie dürfen die benötigten Bilder aber ebenso aus Büchern, Zeitschriften oder dem Internet heraussuchen. Im Laufe der Wintermonate wird sich das Plakat immer weiter füllen, denn die Kinder beobachten sicherlich mit großem Eifer genau, wer zu Gast kommt.

Variation: Wenn Sie bereits ein Plakat zu Ihren Entdeckungsausflügen erstellt haben, vergleichen die Kinder beide miteinander. Kommen alle Vögel, die bei den Ausflügen zu sehen waren, auch zu den Futterstellen? Welche Unterschiede erkennen die Kinder? Haben sie eine Vorstellung, wie sich unsere heimischen Vögel ernähren, die nicht zur Futterstelle kommen?

Tütenhäuschen

- **Bildungsbereich:** Ästhetisch-kreative Bildung
- **Alter:** ab 3 Jahre
- **Anzahl:** unbegrenzt
- **Ort:** drinnen
- **Material:** leere Milchtüte, Farbe, dunkelgrünes Moosgummi, Schere, runder Holzstab, Draht

Mit weißer Farbe bemalen die Kinder eine leere Milchtüte und verzieren sie nach ihren Vorstellungen. Das Dach gestalten sie aus zwei größeren Stücken Moosgummi, die sie mit etwas Überstand am spitzen Ende der Milchtüte ankleben. Für den Eingang schneiden sie mit einer Schere ein großes Rechteck in die Tüte. Darunter bohren sie für die Sitzstange ein Loch, durch das ein Stab geschoben wird, bis er auf der gegenüberliegenden Seite an die Wand stößt. An dieser Stelle bohren die Kinder ein zweites Loch und schieben den Stab ein kleines Stück nach, bis er herausragt. Für die Aufhängung ziehen die Kinder einen Draht durch das Dach. Nun fehlt nur noch das Vogelfutter.

Flaschenhäuschen

- **Bildungsbereich:** Ästhetisch-kreative Bildung
- **Alter:** ab 3 Jahre
- **Anzahl:** unbegrenzt
- **Ort:** drinnen
- **Material:** durchsichtige Einwegplastikflasche mit Deckel, Eisendraht, langer Holznagel oder Ahle, Schere

Für die Aufhängung der Flasche durchbohren die Kinder den Flaschenhals so mit einem langen Holznagel oder einer Ahle, dass zwei Löcher entstehen. Durch diese Löcher wird ein Draht geführt und festgedreht. Für die Futteröffnung schneiden Sie etwa 5 Zentimeter über dem Flaschenboden ein kleines Loch aus. Nun füllen die Kinder die Flasche bis zum Rand der Futteröffnung und hängen diese dann an einem Baum auf. Die Futterstelle sollte so gewählt sein, dass eine gute Vogelbeobachtung möglich ist.

Selbst gemachtes Meisenfutter

- **Bildungsbereich:** Natur, Lebenswelt, Technik / Ästhetisch-kreative Bildung
- **Alter:** ab 3 Jahre
- **Anzahl:** unbegrenzt
- **Ort:** drinnen
- **Material:** Tontöpfchen, Kochtopf, Herd, Speiseöl, 150 Gramm Kokosfett, 150 Gramm Körnermischung mit Haferflocken und Sonnenblumenkernen, Holzstöckchen

Bei niedriger Temperatur wird das Kokosfett erwärmt, bis es schmilzt. Dann geben die Kinder die Körnermischung und etwas Speiseöl hinzu – das Öl hält das Gemisch nach dem Erkalten zusammen. Die noch weiche Mischung wird in einen Tontopf gefüllt. Damit sich die Vögel beim Picken festhalten können, stecken die Kinder ein kleines Holzstöckchen hinein. Wenn das Meisenfutter erkaltet und fest geworden ist, wird der Futtertopf umgestülpt an einen Baum aufgehängt.

Kugeln aus Fett und Saat

- **Bildungsbereich:** Ästhetisch-kreative Bildung
- **Alter:** ab 3 Jahre
- **Anzahl:** unbegrenzt
- **Ort:** drinnen
- **Material:** 1 Kilo ungesalzenes Rinderfett, 750 Gramm Vogelsaat, Topf, Herd, dünne Schnur, Plastikbecher

Zunächst waschen die Kinder mehrere leere Plastikbecher aus und legen in jeden Becher ein längeres Stück Schnur für die Aufhängung. Dann bringen sie das Rinderfett bei niedrigen Temperaturen zum Schmelzen und rühren die Vogelsaat darunter. Die geschmolzene Masse füllen sie vorsichtig in die vorbereiteten Becher und lassen diese darin erkalten. Ist die Mischung fest, entfernen die Kinder den Becher und fertig sind ihre Futterkugeln.

Klebe

Malblock

8

Winterwerkstatt

Sobald die Schneeflocken die Winterlandschaft mit einer dicken Schneedecke bedecken, werden viele Kinder ohne Aufforderung kreativ. Sie formen
Schneekugeln und gestalten daraus Figuren, sie lassen Schlitterbahnen entstehen und hinterlassen ihre Fußspuren auf der unberührten Schneedecke.
Zeigen Sie den Kindern unter Ihrer Anleitung weitere Gestaltungsmöglich-
keiten, die ihnen Eis und Schnee bieten. Nach dem Aufenthalt im kalten
Schnee sorgen gemütliche Kerzenlichter und jahreszeitliche Dekorationen
für eine gemütliche Atmosphäre im warmen Zimmer.

Mit Schnee und Eis gestalten

Eisiges Licht

- **Bildungsbereich:** Ästhetisch-kreative Bildung
- **Alter:** ab 3 Jahre
- **Anzahl:** unbegrenzt
- **Ort:** drinnen
- **Material:** Eimer, Wasser, Teelichter, Feuerzeug, farbige Tinte

Bei frostigen Temperaturen füllen die Kinder mehrere Eimer mit gefärbtem Wasser und stellen diese ins Freie. Wenn das Wasser an den Rändern gefroren und in der Mitte noch flüssig ist, schütten sie den flüssigen Rest aus. Die Kinder nehmen die Eisklötze aus den Eimern und stellen Teelichter in die Vertiefungen. Nun suchen sie einen schönen Platz für ihre eisigen Lichter und zünden die Kerzen an. Diese dekorativen Hingucker schaffen in jeder Situation und bei jedem Fest eine stimmungsvolle Atmosphäre.

Eisiger Schmuck

- **Bildungsbereich:** Ästhetisch-kreative Bildung
- **Alter:** ab 3 Jahre
- **Anzahl:** unbegrenzt
- **Ort:** drinnen und draußen
- **Material:** Plastikbecher, Glitzersterne, Glitzer, Naturmaterialien, Wasser, Wolle

Vor einer frostigen Nacht füllen die Kinder einen Plastikbecher mit Wasser und legen Sterne, Glitzer oder Naturmaterialien sowie einen Wollfaden für die Aufhängung hinein. Danach stellen sie ihre gefüllten Becher nach draußen. Am nächsten Morgen lösen die Kinder ihre eisigen Kunstwerke mit warmem Wasser vorsichtig aus den Behältnissen und hängen sie gut sichtbar auf. Solange es friert können sich alle an dem Schmuck erfreuen.

Stadt aus Schnee und Eis

- **Bildungsbereich:** Ästhetisch-kreative Bildung
- **Alter:** ab 3 Jahre
- **Anzahl:** unbegrenzt
- **Ort:** draußen
- **Material:** Eimer, Pappkartons, Schachteln, Schaufeln, Löffeln, Sprühflaschen, Naturmaterialien, Plastikfiguren, Spielzeugautos

Die Kinder bauen aus Schnee eine Stadt. Für den Bau der Häuser füllen sie Eimer, Pappkartons oder Schachteln mit Schnee und pressen diesen fest. Anschließend drehen sie die Behältnisse so um, dass sich der Schneeblock löst. Nun glätten und verzieren die Kinder ihre Häuser nach ihren Vorstellungen. Vielleicht entwickeln sie so viel Spaß beim Gestalten, dass sie noch Straßen, Berge und Wälder anlegen wollen. Zum Schluss wird die fertig gestaltete Stadt mit Wasser besprüht. So bildet sich eine eisige Schutzschicht, die für eine längere Haltbarkeit des Kunstwerks sorgt. Bestimmt haben die Kinder viel Spaß daran, ihre Schnee- und Eisstadt mit Plastikfiguren und Spielzeugautos zu beleben.

Kunstwerke aus Schnee und Eis

- **Bildungsbereich:** Ästhetisch-kreative Bildung
- **Alter:** ab 3 Jahre
- **Anzahl:** unbegrenzt
- **Ort:** draußen
- **Material:** Sandeimer, Ausstechformen, Schaufeln, Harken, Wasser, Sprühflaschen

Schnee und Eis regen die Kreativität und Fantasie der Kinder ähnlich an wie Sand. Mit Sandspielzeugen und Schnee machen sie sich an die Arbeit. Lassen Sie sich überraschen, welche Kunstwerke die Kinder gestalten. Die Schneekunstwerke werden zum Schluss mit etwas Wasser benetzt, denn so gefrieren sie und halten besser.

Vereiste Schneetiere

- **Bildungsbereich:** Ästhetisch-kreative Bildung
- **Alter:** ab 5 Jahre
- **Anzahl:** unbegrenzt
- **Ort:** draußen
- **Material:** Wasser, Sprühflaschen, evtl. Sandeimer, Schaufeln, Harken

Haben die Kinder schon einmal Tiere aus Schnee gestaltet? Wie wäre es, wenn sie so große Tiere bauen, dass sie darauf reiten können? Damit die Tiere für die Reitversuche stabil genug sind, müssen diese nach dem Bau mit kaltem Wasser besprüht werden. Anschließend verstreichen sie den Schnee gut. Vielleicht entstehen auf diese Weise ganz verschiedene interessante und unterschiedlich große Schneetiere.

Schneemurmelbahn

- **Bildungsbereich:** Ästhetisch-kreative Bildung
- **Alter:** ab 4 Jahre
- **Anzahl:** unbegrenzt
- **Ort:** draußen im Schnee
- **Material:** Murmeln, Schaufeln, Eimer, Naturmaterialien

Die Kinder schütten mit Schaufeln und Eimern einen großen Schneeberg auf. Hat er die richtige Höhe erreicht, klopfen sie den Schnee fest und bauen die Strecke für eine Murmelbahn. Mit der Handaußenkante ziehen sie eine spiralförmige Straße, die von der Spitze bis zum Fuße des Berges führt. Vielleicht entstehen sogar noch Tunnel oder Schanzen? Dem Einfallsreichtum der Kinder sind beim Gestalten keine Grenzen gesetzt. Wenn die Murmelbahn fertig ist, wird sie auf ihre Funktionstüchtigkeit geprüft.

Schneebilder

- **Bildungsbereich:** Ästhetisch- kreative Bildung
- **Alter:** ab 3 Jahre
- **Anzahl:** unbegrenzt
- **Ort:** draußen
- **Material:** Sprühflaschen, farbige Tinte, Wasser

In Gemeinschaftsarbeit gestalten die Kinder ein riesiges Schneebild auf dem Außengelände. Statt Malstiften oder Pinseln benutzen sie ihre Füße zum Malen. Sie arbeiten so mit ihren Füßen, dass Linien, Konturen oder glatte Flächen entstehen. Damit das Bild schön bunt wird, füllen sie gefärbtes Wasser in Sprühflaschen und besprühen damit die entsprechenden Flächen im Schnee.

Bunter Rodelberg mit Höhlen

- **Bildungsbereich:** Wahrnehmung und Bewegung
- **Alter:** ab 3 Jahre
- **Anzahl:** unbegrenzt
- **Ort:** drinnen
- **Material:** Eimer, Schaufeln, Wasser, Sprühflaschen, farbige Tinte

Fragen Sie bei Ihrer örtlichen Verwaltung nach, ob ein Schneeräumfahrzeug seine Ladung auf Ihrem Freigelände ausschütten könnte. Die Kinder werden diesen Schneeberg mit Sicherheit erst einmal ausgiebig erkunden und ausprobieren wollen. Danach verwandeln sie ihren weißen Kletterberg in eine bunte Rodel- und Höhlenlandschaft. Zunächst lassen die Kinder mit gefärbtem oder klarem Wasser eine vereiste Bobbahn entstehen. Sie graben kleine Höhlen in die Kurven und besprühen die Bergwände mit buntem Wasser.

Selbst gemachte Schneekugel

- **Bildungsbereich:** Ästhetisch-kreative Bildung
- **Alter:** ab 5 Jahre
- **Anzahl:** unbegrenzt
- **Ort:** draußen
- **Material:** Marmeladengläser mit Schraubdeckel, Fimu, wasserfester Klebstoff, Glitter, Kunstschnee, destilliertes Wasser, Spülmittel

Die Kinder gestalten kleine Figuren aus Fimo, die sie auf die Innenseite ihres Glasdeckels kleben. Dann füllen sie ihr Glas bis zum Rand mit destilliertem Wasser. Anschließend geben sie einen Tropfen Spülmittel dazu und streuen Glitter oder Kunstschnee hinein. Bevor das Glas fest zugeschraubt wird, bestreichen sie den Verschluss sorgfältig mit Klebstoff. Nun lassen die Kinder das versiegelte Glas einige Zeit mit dem Deckel nach oben stehen, damit der Klebstoff richtig trocknen kann. Jetzt kann der Schüttelspaß losgehen!

Stimmungsvolle Dekorationen und Geschenke

Basteln mit Zapfen

- **Bildungsbereich:** Ästhetisch-kreative Bildung
- **Alter:** ab 4 Jahre
- **Anzahl:** unbegrenzt
- **Ort:** drinnen
- **Material:** Zapfen, Naturmaterialien, kleine Holzkugeln, wasserfeste Filzstifte, Heißklebepistole, Klebstoff, Scheren, Filz, Stoff, Watte, Wolle, Glitter, Tonpapierreste

Bei einem Waldspaziergang sammeln die Kinder Zapfen, um daraus Zwerge oder andere Fantasiefiguren wie Engel, Feen oder Hexen zu basteln. Für

jeden Zwergenkörper brauchen sie einen Zapfen.
Darauf wird mit einer Heißklebepistole eine Holz-
kugel für den Kopf befestigt. Nach dem Trocknen malen die Kinder die
Zwergengesichter auf. Die Zipfelmützen gestalten sie aus dreieckigen Filz-
stücken, die sie zu Trichter formen und an den Seitenrändern zusammen-
kleben. Für die Haare und den Bart verwenden sie Watte oder Wollfäden.

Winterliche Collage

- **Bildungsbereich:** Ästhetisch-kreative Bildung
- **Alter:** ab 3 Jahre
- **Anzahl:** unbegrenzt
- **Ort:** drinnen
- **Material:** Naturmaterialien, Papier, weißen Tonkarton, Klebstoff, Tusch-
  farben, Pinsel

Bei einem Ausflug sammeln die Kinder auf dem Boden liegende Zapfen,
Zweige, Blätter, Früchte und andere Naturmaterialien. Jedes Kind legt die
Materialien nach seinen Vorstellungen auf ein Blatt Papier und klebt sie auf,
wenn es mit der Anordnung vollends zufrieden ist. Danach wird die Collage
so auf einen größeren Bogen weißen Tonkarton geklebt, dass ein Rahmen
entsteht. Den Rahmen bemalen die Kinder mit Tuschfarben und fertig ist
die winterliche Collage.

Gelegte Winterlandschaft

- **Bildungsbereich:** Ästhetisch-kreative Bildung
- **Alter:** ab 3 Jahre
- **Anzahl:** unbegrenzt
- **Ort:** drinnen
- **Material:** weiße und hellblaue Tücher, Naturmaterialien, Koniferen im
  Topf, Watte, Bäume

Aus Zapfen, Wurzeln, Stöcken und anderen jahreszeitlichen Naturmaterialien
sollen die Kinder eine Winterlandschaft gestalten. Gemeinsam überlegen
sie, wie eine solche Landschaft aussehen könnte und wie sie ihr Bild begin-

nen. Machen Sie den Kindern eventuell kleinere Vorgaben. Passende Motive für eine Winterlandschaft wären eine Rodelbahn, ein zugefrorener See, ein verschneiter Wald oder eine Futterstelle für die Tiere. Haben die Kinder erst den Einstieg gefunden, werden ihnen mit Sicherheit viele weitere Gestaltungsideen einfallen.

Was ist Gelwachs?

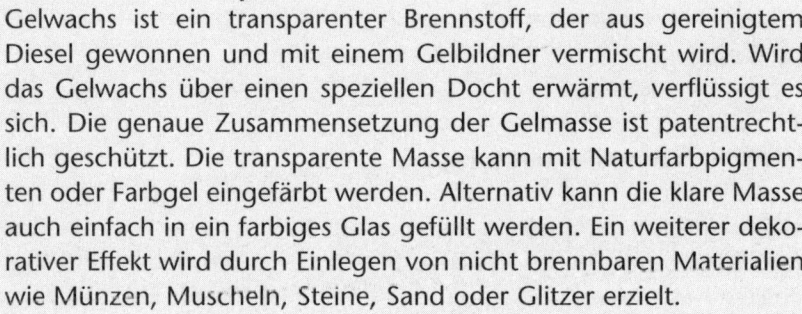

Gelwachs ist ein transparenter Brennstoff, der aus gereinigtem Diesel gewonnen und mit einem Gelbildner vermischt wird. Wird das Gelwachs über einen speziellen Docht erwärmt, verflüssigt es sich. Die genaue Zusammensetzung der Gelmasse ist patentrechtlich geschützt. Die transparente Masse kann mit Naturfarbpigmenten oder Farbgel eingefärbt werden. Alternativ kann die klare Masse auch einfach in ein farbiges Glas gefüllt werden. Ein weiterer dekorativer Effekt wird durch Einlegen von nicht brennbaren Materialien wie Münzen, Muscheln, Steine, Sand oder Glitzer erzielt.

Selbst gemachte Gelwachskerzen

- **Bildungsbereich:** Ästhetisch-kreative Bildung
- **Alter:** ab 5 Jahre
- **Anzahl:** unbegrenzt
- **Ort:** drinnen
- **Material:** Gelwachs und Dochte, feuerfeste Gläser, Fön, Küchenkrepp, Küchenhandschuhe, Kochtopf, Konservendose, feuerfeste Natur- und Dekorationsmaterialien

Fertigen Sie mit den Kindern ausgefallene Kerzen aus Gelwachs an. Zur Vorbereitung reinigen die Kinder die benötigten Kerzengläser gründlich mit heißem Wasser und trocknen diese mit sauberen Küchentüchern gut ab. Damit das Gelwachs nicht eingetrübt wird, müssen die Gläser absolut streifenfrei sein!

Füllen Sie das Wachs in eine gereinigte Konserven-dose und geben Sie diese in ein warmes Wasserbad. Erhitzen Sie das Wasser langsam auf etwa 95 Grad Celsius, bis sich das Gelwachs vollständig ver-flüssigt hat. Lassen Sie den Topf niemals unbeaufsichtigt und arbeiten Sie stets mit Küchenhandschuhen! Bevor das heiße Gel in die Gläser gefüllt wird, wärmen die Kinder diese mit einem Fön vor. So lassen sich beim Abkühlen der Gelwachskerzen störende Luftbläschen vermeiden! Dann halten die Kinder das Metallplättchen, an dem der Docht befestigt ist, kurz in das flüssige Gel und drücken es sofort auf dem Glasboden fest. Den Docht legen sie über den Glasrand. Nun können die Kinder noch Sand, Muscheln, Steine, Münzen oder andere nicht brennbare Materialien in das Glas geben und nach ihren Vorstellungen anordnen. Zum Schluss füllen Sie das Gelwachs vorsichtig in die Gläser. Nach dem Erkalten ist die Kerze fer-tig. Diese kleinen Kunstwerke sind eine beliebte Tischdekoration und eignen sich deshalb auch gut als Geschenk.

Marmorierte Kerze

- **Bildungsbereich:** Ästhetisch-kreative Bildung
- **Alter:** ab 5 Jahre
- **Anzahl:** unbegrenzt
- **Ort:** drinnen
- **Material:** Mamorierfarben, Wasser, dünne Holzstäbchen, tiefe Schüssel, Kerzen, Schutzhandschuhe, Wäscheständer, Altpapier

Für dieses Angebot decken die Kinder zunächst den Fußboden mit vielen alten Zeitungen ab. Danach füllen sie eine tiefe Schüssel mit Wasser und tropfen etwas Mamomierfarbe hinein. Mit dünnen Holzstäbchen lassen die Kinder fantasievolle Muster in der Flüssigkeit entstehen. Nun halten sie ihre Kerzen am Docht fest, tunken sie in das Gemisch und ziehen sie rasch wie-der hinaus. Zum Trocknen hängen sie die Kerzen mit einer Wäscheklammer am Docht auf einem Wäscheständer auf.

Den Winter mit dem Körper erfahren

Bei winterlichen Darstellungsspielen, einer Bewegungsmitmachgeschichte und verschiedenen Entspannungsangeboten erleben die Kinder die vierte Jahreszeit einmal ganz anders. Diesmal steht nämlich die bewusste Körperwahrnehmung im Vordergrund. Die vorgestellten Angebote bieten vielerlei Möglichkeiten, die Erfahrungen und das Wissen der Kinder fantasievoll aufzugreifen und zu vertiefen.

Zauberhafte Darstellungsspiele

Tanzende Schneeflocken

- **Bildungsbereich:** Wahrnehmen und Bewegen
- **Alter:** ab 3 Jahre
- **Anzahl:** unbegrenzt
- **Ort:** drinnen
- **Material:** Hut mit weißen Eiskristallen, blauer Umhang und Zauberstock für den Zauberer

Verwandeln Sie sich in den Zauberer »Eisiger Frost« und stellen Sie sich den Kindern vor. Erzählen Sie auch, dass Sie jedes Lebewesen beliebig oft verzaubern können. Wer von Ihnen verwandelt wird, muss Ihre Anweisungen genau befolgen. Deshalb müssen die Kinder ab sofort auch immer gut zuhören, wenn Sie etwas sagen:

Hokus, Pokus, Zauberlocken,
ich verwandele euch in Schneeflocken.

Lassen Sie den Kindern ausreichend Zeit, damit sie sich in die Schneeflocken einfühlen können. Erst wenn sich alle schwebend durch den Raum bewegen, erzählen Sie die folgende Bewegungsgeschichte:

Aus einer dicken Schneewolke fallen unzählige Schneeflocken auf den Boden. Fröhlich tanzen sie in der Luft umher. Sie drehen sich und wirbeln wild durcheinander. Sie fliegen rückwärts, vorwärts, nach rechts, wieder rückwärts und nach links. Jetzt nehmen sich zwei Schneeflocken an die Hand, lassen sich wieder los und fliegen allein weiter. Endlich landen alle Schneeflocken auf dem Boden und können sich ausruhen ... Plötzlich naht ein kräftiger Windstoß und pustet alle Schneeflocken wild durch die Luft. Erschrocken wirbeln die Schneeflocken umher. Langsam beruhigen sich alle wieder. Sie breiten sie ihre Arme so weit auseinander, dass sich alle Schneeflocken berühren. So schweben sie langsam auf den Boden, legen sich ausgestreckt nieder und bilden so eine dichte Schneedecke.

Schmelzende Eiszapfen

- **Bildungsbereich:** Wahrnehmen und Bewegen
- **Alter:** ab 3 Jahre
- **Anzahl:** unbegrenzt
- **Ort:** drinnen
- **Material:** Hut mit weißen Eiskristallen, blauer Umhang und Zauberstock für den Zauberer, Musikabspielgerät, ruhige Hintergrundmusik

Spielen Sie wie beim Angebot »Schneeflockentanz« den Zauberer »Eisiger Frost«. Erzählen Sie den Kindern, dass Sie noch nie Eiszapfen gezaubert haben. Das ist nämlich gar nicht so einfach. Nachdem die Kinder beim Schneeflockentanz so gut mitgemacht haben, könnte dieser Zauber mit ihrer Hilfe funktionieren. Doch wissen die Kinder überhaupt, wie Eiszapfen aussehen? Bestimmt antworten sie, dass sie ganz starr sind und sich nicht bewegen. Nach dieser Einstimmung kann die Verwandlung der Kinder beginnen. Heben Sie Ihren Zauberstab und sprechen Sie folgenden Zauberspruch:

> *Hokus, Pokus, Zauberkrapfen,*
> *ich verwandele euch in Eiszapfen.*

Augenblicklich bleiben alle Kinder starr auf ihren Plätzen stehen. Der Zauberer stellt ruhige Musik an und erzählt eine kurze Geschichte:

> *In dieser Nacht ist es eisig kalt. Überall bilden sich lange Eiszapfen. Steif und stumm hängen sie an den Dächern herunter ... Es wird Morgen. Langsam steigt die Sonne auf und erwärmt mit ihren Strahlen die kleinen Eiszapfen. Sie beginnen zu schmelzen. Zuerst schmilzt der Kopf der Eiszapfen. Er wird ganz weich und fällt auf die Brust ... Nun beginnt der Oberkörper zu schmelzen und kurze Zeit später wird auch die Spitze ganz weich. Alles wird ganz weich und schlapp. Die Eiszapfen sacken ganz langsam in sich zusammen, bis sie sich nicht mehr halten können und schließlich ganz auf dem Boden liegen. Die Sonne strahlt sie weiter an. Die Eiszapfen schmelzen weiter. Die vielen kleinen Eiszapfen haben sich in eine große Pfütze ver-wandelt, die sich nach allen Seiten ausstreckt. Jetzt ruhen sie sich erst ein-mal aus und schlafen. Vielleicht wird es heute Nacht wieder eisig kalt. Dann sie gefrieren zu einer großen Schlittschuhbahn.*

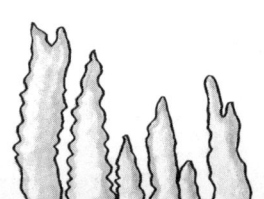

Bewegung und Entspannung

Eisfiguren gestalten

- **Bildungsbereich:** Wahrnehmen und Bewegen
- **Alter:** ab 5 Jahre
- **Anzahl:** unbegrenzt
- **Ort:** drinnen

Die Kinder finden sich zu zweit zusammen. Eines von beiden wird zur Eisfigur, die von der anderen nach eigenen Vorstellungen gestaltet wird. Dazu stellen sich alle Eisfiguren in einer Reihe auf. Die Partner stehen davor und bringen Kopf, Körper, Arme, Hände, Beine und Füße in die richtige Stellung. In dieser Position bleibt die Eisfigur wie erstarrt stehen. Da das Ruhigstehen oder das Halten der Körperspannung für einige Kinder eine große Herausforderung darstellen kann, sollten Sie die Zeit nach etwa ein bis zwei Minuten stoppen. Nun gehen die Künstler von Figur zu Figur und betrachten sie anerkennend. Anschließend werden die Rollen getauscht.

Der Baum im Lauf der Jahreszeiten

- **Bildungsbereich:** Wahrnehmen und Bewegen
- **Alter:** ab 4 Jahre
- **Anzahl:** unbegrenzt
- **Ort:** drinnen
- **Material:** für jedes Kind zwei grüne Chiffontücher

Bei dieser Bewegungsgeschichte erfahren die Kinder, wie sich ein Baum mit dem Lauf der Jahreszeiten verändert. Jedes Kind erhält zwei grüne Chiffontücher und macht damit alle Bewegungen nach, die Sie beim Erzählen der Geschichte vorführen:

> *Es ist Winter. Der Baum steht mit kahlen Ästen auf der Wiese.* (Alle stehen mit ausgebreiteten Armen im Raum. Die Tücher sind in den Fäusten versteckt.)

Der Frühling kommt. Der Baum erwacht. Er räkelt sich. An seinen Ästen zeigen sich kleine grüne Knospen. (Alle bewegen sich langsam und lassen die Tücher ein wenig aus den Fäusten herausschauen.)
Die Temperaturen steigen, der Sommer ist da. Der Baum zeigt seine schöne Blätterpracht. (Die Tücher werden nur noch an den Spitzen festgehalten und sanft umher geschwenkt.)
Der Sommer verabschiedet sich und der der Herbst kommt. Es wird kälter und der Baum bereitet sich auf den Winter vor. Seine Blätter verfärben sich. Der Wind pustet so kräftig, dass sich der Baum hin und her wiegt. Er kann seine Blätter nicht mehr festhalten. Alle Blätter fallen auf die Erde. (Alle neigen sich mit dem Oberkörper nach vorne und hinten, nach rechts und links. Gleichzeitig bewegen sie ihre Arme und Hände auf und ab. Dann lassen sie ihre Tücher auf den Boden gleiten.)

Ein Winterausflug

- **Bildungsbereich:** Wahrnehmung und Bewegung
- **Alter:** ab 5 Jahre
- **Anzahl:** unbegrenzt
- **Ort:** drinnen
- **Material:** für jedes Kind 1 Seil

Bei diesem Mitmachgedicht bewegen sich die Kinder passend zum Text. Führen Sie ihnen die entsprechenden Bewegungen vor. Nutzen Sie das Gedicht als Anregung und verändern Sie es nach Belieben:

Heute hat es viel geschneit,
wir machen uns freudig zum Rausgehen bereit.
Wir wollen draußen viel machen,
also rein in die warmen Wintersachen.
(Nennen Sie Winterkleidungsstücke, die von allen pantomimisch angezogen werden.)

Schnell machen wir die Türe auf,
und stapfen durch den hohen Schnee den Berg hinauf.
(Mit hochgezogenen Knien gehen.)

9

Oben schnallen wir unsere Ski um,
dazu binden wir die Schnallen um die Skistiefel herum.
(Pantomimisch ein Paar Skier anlegen.)

Geschwind fahren wir den Berg hinunter.
Der eisige Wind, der macht uns munter.
Mit den Skiern fahren wir durch den Wald,
trotz des Schnees ist uns nicht kalt.
(Pantomimisch im Slalom durch den Raum gleiten und sich dabei
immer wieder mit imaginären Skistöcken abstoßen.)

Wir machen eine Pause und trinken einen Tee,
da entdecken wir eine Kutsche im weißen, weichen Schnee.
(Jeweils zwei Kinder treffen sich und trinken pantomimisch heißen Tee.
Danach spielt ein Kind das Pferd. Sein Partner übernimmt die Rolle des
Kutschers und legt ihm die Zügel an.)

Das Pferd trabt durch die weiße Pracht,
der Kutscher hat viel Spaß und lacht.
(Fröhlich zieht der Kutscher mit seinem Pferd durch den Raum)

Bei einem zugefrorenen See bleiben wir stehen,
wir können dort einige Schlittschuhfahrer sehen.
Wir haben selbst Lust dazu
Und tauschen unsere Kutsche gegen Schlittschuh.
(Alle bewegen sich wie Schlittschuhläufer durch den Raum)

Nun brauchen wir eine Pause,
und fahren wieder nach Hause ...

Mit dem Zauberteppich ins Schneeland

- **Bildungsbereich:** Wahrnehmung und Bewegung
- **Alter:** ab 5 Jahre
- **Anzahl:** 6 Kinder
- **Ort:** Raum ohne störende Einflüsse
- **Material:** Musikabspielgerät, Entspannungsmusik, Decken, Matratzen, Kissen, Malpapier und Stifte

Alle Kinder machen es sich auf Matratzen bequem und schließen die Augen. Eine ruhige Hintergrundmusik erleichtert es ihnen, sich in die Geschichte einzufinden. Erklären Sie kurz den Ablauf der Traumreise. So können sich die Kinder innerlich auf die längere Entspannungszeit einstellen, in der nicht vorgelesen wird:

Stellt euch vor, ihr liegt auf einem dicken, flauschigen Teppich. Er ist so dick, dass ihr darin versinkt. Ihr fühlt euch warm und geschützt. Dieser Teppich ist kein gewöhnlicher Teppich. Das ist ein Zauberteppich, der euch nun ins Schneeland bringen wird. Langsam steigt er in die Luft empor. Jetzt fliegt er mit euch durch das Fenster hinaus. Ihr seid jetzt hoch in der Luft. Ihr fühlt euch leicht. Im Liegen betrachtet ihr die Menschen, die Bäume, die Häuser und die Autos auf der Erde. Alles ist klein und winzig.

Ihr spürt, dass euer Gesicht kälter wird. Die Temperaturen sinken immer mehr. Unter euch ist die Landschaft mit einer weißen Schneedecke bedeckt. Gut, dass der Teppich euch warm hält. Der Teppich gleitet zur Erde, bis er sanft auf einem Schneefeld landet. Ihr erhebt euch von eurem kuscheligen Teppich und betretet den glitzernden Schnee. Bei jedem Schritt knirscht er unter euren Füßen. Ihr schaut euch um. Alle Bäume, Büsche und Berge sind mit einer weißen Schneeschicht bedeckt. Dicke Schneeflocken fallen tänzelnd vom Himmel. Sie landen auch auf eurer Kleidung und in eurem Gesicht. Ihr merkt, wie sie schmelzen und langsam von eurem Gesicht nach unten laufen. Es fühlt sich kalt an.

Obwohl ihr warm angezogen seid, spürt ihr die Kälte. Der eisige Wind pustet euch an. Damit euch nicht zu kalt wird, geht ihr ein bisschen herum. Der Schnee ist an einigen Stellen so hoch, dass ihr bis zu den Knien versinkt. Wie ein Storch müsst eure Beine heben, um vorwärts zu kommen. Mit den Händen fasst ihr in den Schnee, um euch abzustützen. Doch ihr habt keine

Handschuhe an und eure Hände kribbeln in der Kälte. Ihr beginnt zu frieren. Plötzlich entdeckt ihr ein vollkommen eingeschneites Haus. Neugierig geht ihr dorthin und klopft an die Tür. Sie öffnet sich von selbst. Vorsichtig tretet ihr ein. Es ist angenehm warm und duftet nach heißem Kakao und frisch gebackenen Plätzchen. Ihr geht in die Wohnstube. Dort stehen zwei Sessel und ein Tisch, der mit den köstlich duftenden Leckereien gedeckt ist. Auf einmal hört ihr eine freundliche Stimme. Sie kommt aus einem der beiden Sessel und lädt euch zum Aufwärmen ein. Gerne nehmt ihr die Einladung an. Bei Kakao und Plätzchen genießt ihr die Wärme und habt viel Spaß mit eurem Gastgeber ... (Kurze Lesepause, um den Kindern Zeit und Raum für weitergehende Fantasien zu geben.)

Nun müsst ihr euch leider verabschieden, denn der fliegende Teppich wartet schon. Ihr verlasst das warme Haus und geht hinaus in die Kälte. Ihr habt euch so gut aufgewärmt, dass euch die Kälte nichts mehr ausmacht. Der Schnee knirscht bei jedem Schritt unter euren Füßen.

Der flauschige Teppich wartet noch dort, wo ihr ihn verlassen hattet. Ihr steigt auf und fliegt sicher in eure Heimat zurück. Sanft landet er auf dem Boden. Bevor ihr nun die Augen öffnet, steigt ihr ab, rollt euren Teppich zusammen und verstaut ihn gut in eurem Schrank. Nun dürft ihr euch räkeln und strecken und langsam die Augen öffnen.

Unmittelbar nach der Traumreise dürfen die Kinder ihre Erlebnisse beim Malen verarbeiten. Zusätzlich sollten Sie den Kindern als Gesprächspartner zur Verfügung stehen.

Traumhafte Wintermassage

- **Bildungsbereich:** Wahrnehmung und Bewegung
- **Alter:** ab 4 Jahre
- **Anzahl:** unbegrenzt
- **Ort:** Raum ohne störende Einflüsse
- **Material:** Decken, Matratzen, Kissen

Bei der folgenden Massage finden sich die Kinder paarweise zusammen. Ein Kind liegt mit geschlossenen Augen bequem auf dem Bauch. Sein Rücken verwandelt sich in eine Landschaft für den Wintersport. Die Hände und

114

Finger seines massierenden Partners werden zu Füßen, Schlitten-
fahrern, Schneepflügen und Schlittschuhläufern. Damit die Kinder wissen,
welche Bewegungen sie auf welche Art und Weise ausführen sollen,
machen Sie diese an einem Kind vor. Wichiger Hinweis: Arbeiten Sie immer
nur seitlich der Wirbelsäule!

Eine dicke Schneedecke bedeckt die Landschaft. (Beide Hände flach auflegen und ganz langsam von oben nach unten streichen.) *Leise und sanft
fallen die Schneeflocken auf den Boden.* (Die Fingerspitzen tippen leicht
über den Rücken.) *Eisiger Wind fegt über das Land und weht den Schnee
in alle Richtungen.* (Beide Hände flach auflegen, dann kreuz und quer
über den Rücken streichen.) *Zwei Kinder rennen
lachend durch den Schnee.* (Abwechselnd Zeige- und
Mittelfinger beider Hände in schnellem Tempo über
den Rücken führen.) *Sie holen ihren Schlitten und
rodeln einen Hang hinunter.* (Die Hände zu Fäusten
ballen. Die Fingerknöchel ziehen von oben
nach unten über den Rücken.) *Die Kinder
haben so viel Spaß, dass sie noch ein paar
Mal den Hang hinunterrodeln.* (Die vorheri-
gen Bewegungen wiederholen.) *Nun wollen
sie auf dem zugefrorenen See Schlittschuh laufen.* (Mit beiden Zeige-
fingern Kreise und Striche ziehen.) *Wind kommt auf und verweht den
Schnee in alle Richtungen.* (Beide Hände flach auflegen, dann kreuz und
quer über den Rücken streichen.) *Die Kinder beginnen zu frieren und laufen nach Hause.* (Abwechselnd Zeige- und Mittelfinger
beider Hände in schnellem Tempo über den
Rücken führen.) *Es schneit erneut.* (Die Fingerspitzen tippen leicht über den Rücken.)
*Augenblicklich verschwinden alle Spuren im
Schnee. Eine dicke Schneedecke bedeckt die
Landschaft.* (Beide Hände flach
auflegen und ganz langsam von
oben nach unten streichen.)

Kunterbunte

Faschingszeit

Seit Jahrhunderten feiern die Menschen jeden Winter ein großes Narrenfest, das je nach Region als Karneval, Fasching, Fastnacht, Fasenacht oder Fasnet bezeichnet wird. Das närrische Treiben beginnt stets am 11.11. um 11.11 Uhr mit der Krönung des Prinzenpaares, das nun bis zum Aschermittwoch regiert. Mit dem Ende der Regierungszeit beginnt die 40-tägige Fastenzeit, die bis Ostern andauert.

117

Wie wird das Fest gefeiert?

Viele Menschen in den Fastnachtsregionen lieben das Fest und lassen die uralten Fastnachtsbäuche bis in die heutige Zeit weiterleben. In unzähligen Narrenzünften stellen sie die Kostüme, Masken und Umzugswagen her, mit denen sie in der Fastnachtszeit musizierend und lärmend von Ort zu Ort ziehen. Ursprünglich sollten mit diesem Ritual böse Geister verschreckt, der Winter vertrieben und die Nutztiere gestärkt werden. Heute sind Fastnachtsumzüge vor allem ein großer Spaß, auf den sich Erwachsene ebenso wie die Kinder freuen.

Faschingsbräuche vergleichen

- **Bildungsbereich:** Natur, Lebenswelt, Technik / Sprachliche Bildung
- **Alter:** ab 6 Jahre
- **Anzahl:** unbegrenzt
- **Ort:** drinnen und draußen
- **Material:** Internet

Lassen Sie sich von den Kinder die Bedeutung von Fasching oder Karneval erklären. Sicherlich können sie berichten, dass sich die Menschen verkleiden und schminken. Aber warum tun sie dies? Beauftragen Sie die Kinder in Büchern und im Internet unter den Suchbegriffen »Fasching« und »Karneval« zu recherchieren. Damit sie sich bei ihrer Internetrecherche besser orientieren können, vereinbaren Sie gemeinsam klare Vorgaben. So wissen die Kinder genau, welchen Fragen sie nachgehen sollen:

- Wann genau beginnt Faschingszeit?
- Wann endet die Faschingszeit?
- Wie wird das Ende der Faschingszeit festgelegt?
- Warum wird die Faschingszeit als »fünfte Jahreszeit« bezeichnet?
- Was ist typisch für die närrische Zeit?
- Welche festen Bräuche gibt es?

Bemalen und verkleiden

Viele Kinder lieben es, sich zu verkleiden und zu schminken. In spielerischer Weise erfahren sie die verschiedenen Farben und lernen diese miteinander zu kombinieren. Verkleidet und geschminkt schlüpfen sie gerne in andere Rollen, um in einer neuen Haut neue Erfahrungen zu machen oder bereits Erlebtes zu verarbeiten. Geben Sie den Kindern genügend Material und Freiraum, damit sie sich in unterschiedlicher Weise erleben und ausprobieren können. Dies fördert ihre Fantasie und Kreativität.

Die Kostümwerkstatt ist eröffnet!

- **Bildungsbereich:** Ästhetisch-kreative Bildung
- **Alter:** ab 6 Jahre
- **Anzahl:** unbegrenzt
- **Ort:** drinnen
- **Material:** alte T-Shirts, Strumpfhosen und Leggins, Stoffreste, Tüll, Kordeln, Samt- und Stoffbänder, Schaumstoff, Kreppapier, Watte, Pappe, Pfeifenputzer, dünner Draht, Nähnadeln und Zwirn, Zickzack-Scheren, Scheren, Stofffarben, Pinsel, Stoffkleber, Tacker

Verwandeln Sie für dieses Angebot einen klar abgegrenzten Bereich in eine Nähstube. Hier dürfen die Kinder nach eigenen Vorstellungen fantasievolle Faschingskostüme anfertigen. Legen Sie alle Materialien, Accessoires und Nähutensilien übersichtlich auf mehreren Tischen aus. Haben die Kinder schon eine Idee, in welche Figur sie sich verwandeln möchten und wie ihr Kostüm aussehen soll? Helfen Sie ihnen – falls nötig – bei der Umsetzung ihrer Ideen und Vorstellungen.

Verkleidungskiste

- **Bildungsbereich:** Sozial-emotionale Bildung
- **Alter:** ab 3 Jahre
- **Anzahl:** unbegrenzt
- **Ort:** drinnen
- **Material:** große Tücher, Kopfbedeckungen, Schuhe, Kleider, Hosen, Umhänge, fertige Kostüme, Handtaschen, Schmuck, Masken, Brillen und ähnliche Accessoires, große Kleiderkiste, Kleiderständer, Regal mit Schachteln, großer Wandspiegel

Stellen Sie für die Kinder eine umfassende Garderobe mit Verkleidungsstücken zusammen. Damit Ihr Kostümfundus viele ausgefallene Kombinationsmöglichkeiten bietet, sollten Sie auch die Eltern um ihre Mithilfe bitten. Die gesammelten Kleider, Jacken und Kostüme werden auf einen Kleiderständer gehängt, während die Blusen, Hemden, Pullover, Tücher, Taschen, Gürtel und Schuhe in einer großen Kiste aufbewahrt werden. Die Schminksachen, den Schmuck und die Schuhe verstauen Sie in mehreren Kartons und stellen diese in ein Regal. So wirkt Ihr Kostümfundus übersichtlich geordnet und einladend. Bestimmt nehmen die Kinder das Angebot begeistert an. Sie dürfen sich nach Herzenslust verkleiden und immer wieder im großen Spiegel betrachten.

Gipsmasken am Stab

- **Bildungsbereich:** Ästhetisch-kreative Bildung
- **Alter:** ab 5 Jahre
- **Anzahl:** unbegrenzt
- **Ort:** drinnen
- **Material:** Gipsbinden, Wasser, Vaseline, Kosmetiktücher, Deckfarben, Pinsel, alte Schere, alte Schüssel, Abdeckfolie, lange Rundstäbe, Klarlack, Perlen, Glitter, Federn

Für dieses Angebot empfiehlt es sich, zunächst den Fußboden großzügig mit Abdeckfolie auszulegen. Stellen Sie eine mit Wasser gefüllte Schale auf und schneiden Sie mit den Kindern die Gipsbinden in kleine Streifen. Cremen Sie nun die Gesichter der Kinder dick mit Vaseline ein. Achten Sie darauf, dass besonders die Stirn, Augenbrauen, Schläfen und Ohren etwas dicker eingecremt werden. Jetzt können die Gipsabdrücke anfertigt werden. Gips hat den Vorteil, dass er sich gut verschmieren lässt. Auf diese Weise können die Konturen des Gesichts genau nachbearbeitet werden.

Ein Kind legt sich auf den Fußboden. Weichen Sie die Gipsstreifen für einen kurzen Moment (!) im Wasser ein und legen Sie diese Schicht um Schicht auf das Gesicht. Die Augen und Nasenlöcher bleiben frei. Um eine ausreichende Stabilität der Maske zu erreichen, sollten Sie drei bis vier Gipsschichten auftragen. Danach muss sich das Kind ein wenig gedulden, damit der Gips erhärten kann. Anschließend darf es sein Gesicht unter dem Gips vorsichtig bewegen und so die Maske lockern. Da das Gesicht eingecremt ist, lässt sich die Maske gut abnehmen. Zum Schluss wird der Rundstab zum Festhalten der Maske mit längeren Gipsstreifen hinter einer Gesichtshälfte befestigt. Nun bekommt das nächste Kind Gipsbinden aufgelegt.

Nach einem Tag des Aushärtens bemalen die Kinder ihre Masken frei nach ihren Vorstellungen und lassen sie abermals trocknen. Danach fixieren sie die Bemalung mit Klarlack und lassen auch diesen trocknen. Zum Schluss werden die Masken noch mit Federn und Perlen beklebt.

Selbst gemachte Körperfarbe

- **Bildungsbereich:** Ästhetisch-kreative Bildung
- **Alter:** ab 6 Jahre
- **Anzahl:** unbegrenzt
- **Ort:** drinnen
- **Material für jede Farbe:** 1 Glas Maisstärke, 1/2 Glas Wasser, Lebensmittelfarbe, 1/2 Glas Körperlotion, 1 verschließbares Glas mit Deckel, Pinsel

Die Kinder geben die Zutaten in ein Behältnis und vermischen sie miteinander. Je nach Wunsch und Möglichkeiten entstehen zum Schluss viele Farben, mit denen sich die Kinder bemalen können. Mit Pinseln oder den Fingern tragen die Kinder bei sich oder anderen die Farben auf. Bleibt es bei den Gesichtern oder möchten die Kinder auch andere Körperteile bemalen?

Selbst gemachte Instrumente

Stellen Sie mit den Kindern Instrumente her, die sie auf ihren Umzügen und beim Winteraustreiben einsetzen können. Typische Fastnachtsinstrumente sind Trommeln und vor allem Rasseln, da diese beim Gehen benutzt werden können und viel Krach machen.

Dosentrommel

- **Bildungsbereich:** Ästhetisch-kreative Bildung
- **Alter:** ab 3 Jahre
- **Anzahl:** unbegrenzt
- **Ort:** drinnen
- **Material:** Konservendosen, Deckfarben, Pinsel, Löffel, Stöcke, Schlegel

Die Kinder reinigen die leeren Konservenbüchsen sorgfältig und trocknen sie anschließend gut ab. Danach bemalen sie die äußere Dosenwand mit Deckfarben. Sobald die Farben getrocknet sind, probieren sie den Klang mit Löffeln, Stöcken oder Schlegeln aus. Wie klingt die Trommel am besten?

Walnussrasseln

- **Bildungsbereich:** Ästhetisch-kreative Bildung
- **Alter:** ab 3 Jahre
- **Anzahl:** unbegrenzt
- **Ort:** drinnen
- **Material:** Walnussschalen, Messer, kleine Steinchen, Klebstoff

Öffnen Sie die Walnüsse vorsichtig mit einem Messer und entnehmen Sie die Kerne. Bestimmt werden die Kinder die Nusskerne gleich essen. Dann füllen sie eine Schalenhälfte mit kleinen Steinchen und bestreichen den Schalenrand mit Klebstoff. Nun legen sie beide Schalenhälften aufeinander und drücken sie fest aneinander. Wenn die Klebenaht gut getrocknet ist, dürfen die Kinder die Wallnussrasseln ausprobieren.

Glühbirnenstab-Rassel

- **Bildungsbereich:** Ästhetisch-kreative Bildung
- **Alter:** ab 5 Jahre
- **Anzahl:** unbegrenzt
- **Ort:** drinnen
- **Material:** ausgebrannte Glühbirnen, Pappröhren, Säge, Zeitungspapier, Klebeband, Kleister, Behälter, Stock, Wasserfarben, Lack, Malkittel

Die Kinder setzen eine Glühbirne auf eine kleine Pappröhre und stopfen diese mit zerknülltem Papier aus. Damit die Birne auf der Röhre nicht hin und her wackelt, muss sie gut festgeklebt werden. Nun befeuchten die Kinder die erste Papierlage und decken damit die Glühbirne rundherum ab. Danach werden insgesamt sechs bis sieben Schichten Papierschnipsel mit reichlich Kleister über das Glas und die Pappröhre geklebt, bis die Pappröhre fest mit der Birne verbunden ist. Achten Sie darauf, dass die Kinder auf alle Stellen etwa gleich viel Papier kleben. Je mehr Schichten sie aufkleben, desto stabiler wird ihre Rassel. Nach ungefähr drei Tagen ist die Rassel richtig durchgetrocknet. Nun dürfen die Kinder sie gegen eine harte Fläche schlagen. Das Glas im Inneren zerbricht in viele kleine Scherben, die nun bei jeder Bewegung rasseln. Anschließend dürfen die Kinder ihre Rasseln bunt bemalen und mit Klarlack versiegeln, damit sie auch dem stärksten Regen trotzen. Ganz zum Schluss werden die Rasseln noch mit Federn, Perlen und bunten Bändern verziert.

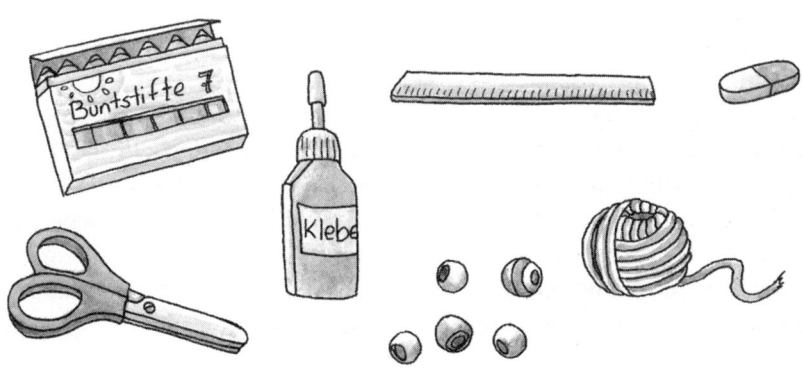

Helau und Alaf!

Faschingsrhythmen

● **Bildungsbereich:** Ästhetisch-kreative Bildung
● **Alter:** ab 5 Jahre
● **Anzahl:** unbegrenzt
● **Ort:** drinnen
● **Material:** selbst gemachte Trommeln und Rasseln, Tuch

Die Kinder probieren ihre selbst gebauten Trommeln und Rasseln aus und komponieren allein und in Kleingruppen eigene rhythmische Melodien für den Karnevalsumzug. Lassen Sie den Kindern genügend Zeit für ihre Kompositionen. Sind alle Kinder mit ihren Rhythmen zufrieden, spielen sie diese reihum der ganzen Gruppe vor. Wer mag, stimmt mit seinen Instrumenten in diesen Rhythmus ein und musiziert mit. Am Schluss stellen die Kinder alle Melodien zu einem bunten Arrangement für ihren Umzug zusammen.

Närrische Mitmach- und Klanggeschichte

● **Bildungsbereich:** Sprachliche Bildung / Wahrnehmung und Bewegung
● **Alter:** ab 3 Jahre
● **Anzahl:** unbegrenzt
● **Ort:** drinnen
● **Material:** selbst gemachte Rasseln und Trommeln

Die Kinder begleiten die folgende Mitmachgeschichte mit passenden Geräuschen und Bewegungen. Dabei nutzen sie ihre selbst gemachten Musikinstrumente sowie ihren Mund, ihre Hände und Füße. Erzählen Sie zunächst die vollständige Geschichte, damit sich die Kinder überlegen können, wie sie diese am besten vertonen:

Endlich ist Rosenmontag und somit Faschingsfeier im Kindergarten. Alle Kinder sehen heute ganz anders aus. Einige Kinder stampfen als Elefant verkleidet durch den Gruppenraum. Sie haben sogar einen Rüssel, mit dem sie laut trompeten. Ein Kind schleicht sich ganz leise auf allen vieren an ihnen vorbei. Es ist als Katze verkleidet und miaut als sie Pippi Langstrumpf trifft. Doch Pippi hat keine Zeit. Auf einem Steckenpferd galoppiert sie über die Flure. Mit wildem Geschrei rennen zwei junge Cowboys vorbei. Kichernde Hexen reiten auf ihren Besen an einem Zauberer vorbei, der gerade seinen zischenden Zauberstab durch die Luft schwingt. Faschingsmusik erklingt. Alle Kinder kommen zusammen und tanzen zu den Klängen. Sie werfen Luftballons in die Höhe und fangen sie wieder auf …

Endlich ist es Zeit für die Überraschung der Faschingsfeier! Einige Luftballons hängen an einer Wäscheleine. Sie sind mit Konfetti gefüllt. Ein als Räuber verkleidetes Kind sticht mit einer Nadel in einen der Ballons. Ein lauter Knall ertönt und unzählige Konfettis rieseln heraus. Nacheinander werden alle Luftballons zerplatzt, so dass es immer wieder buntes Konfetti regnet. Leider ist jedes Fest einmal zu Ende. Alle Kinder hatten viel Spaß und freuen sich auf das nächste Jahr, wenn im Kindergarten wieder Fasching gefeiert wird.

Faschingskrapfen

- **Material:** Teller, Topf, Pfanne, Schlüssel, Küchentuch, Spritzbeutel, Mixer, Löffel
- **Zutaten für die Krapfen:** 1/4 Liter Milch, 1 Würfel Hefe, 500 Gramm Mehl, 2 Eier, 2 Eigelbe, 40 Gramm Zucker, 50 Gramm Butter, 1 Prise Salz, Fett, 250 Gramm Marmelade, Zucker

Schmalzgebäck wie Krapfen, Fasnetsküchle, Kreppel oder Berliner sind in allen Fastnachtsregionen eine traditionelle Süßspeise. In der Vergangenheit war es üblich, bis zum Aschermittwoch alle noch im Haus befindlichen Eier und Fettvorräte zu verbrauchen. Also ließen es sich alle in den Fasnachtstagen mit den leckeren Krapfen noch einmal richtig schmecken.

Die Kinder gießen 100 Milliliter lauwarme Milch in eine Schüssel, bröckeln Hefe hinein und verrühren alles miteinander. Dazu geben sie 150 Gramm Mehl und verarbeiten das Ganze zu einem Vorteig. Dieser wird mit etwas Mehl bestäubt, danach mit einem sauberen Küchentuch bedeckt und so für etwa 25 Minuten an einem warmen Ort gestellt. Nun verrühren die Kinder die beiden Eier und Eigelbe mit dem Zucker und verkneten das Gemisch mit

dem Vorteig. Dazu geben sie die restliche Milch, das restliche Mehl, 50 Gramm weiche Butter und 1 Prise Salz, bis ein glatter Teig entsteht. Dieser ruht abgedeckt nochmals 25 Minuten.

Jetzt portionieren die Kinder den Teig und formen daraus kleine Kugeln, die sie ein wenig flach drücken und dann unter einem Küchentuch weitere 45 Minuten ruhen lassen. Wenn sich das Volumen verdoppelt hat, wird das Fett in der Pfanne auf 170 Grad erhitzt. Vorsichtig werden die Krapfen in das heiße Fett gegeben und goldgelb auf beiden Seiten ausgebacken. Den letzten Pfiff erhalten die Krapfen mit der Marmeladenfüllung, die mit einem Spritzbeutel seitlich eingespritzt wird. Zum Schluss bestreuen die Kinder ihre Krapfen mit Puderzucker. Nun kann der Faschingsschmaus beginnen.

Karnevalswagen

- **Bildungsbereich:** Wahrnehmung und Bewegung
- **Alter:** ab 5 Jahre
- **Anzahl:** unbegrenzt
- **Ort:** drinnen
- **Material:** Rollbretter, große stabile Pappkartons, Seile, Farben, Pinsel, Scheren, Klebstoff, Krepppapier, Wolle, Federn

Zeigen Sie den Kindern Fotos von Karnevalswagen und erzählen ihnen von den traditionellen Fasnachtsumzügen. Vielleicht waren einige Kinder selbst schon dabei und können den anderen von ihren Erfahrungen und Eindrücken berichten. Angeregt durch das Gespräch, möchten sie bestimmt selbst einen solchen bunten Umzugswagen herstellen. Befestigen Sie auf jeweils einem Rollbrett einen stabilen Pappkarton. Nun finden sich die Kinder paarweise zusammen und gestalten ihren Karton nach Herzenslust. Beim Karnevalsumzug stellen sich alle Paare mit ihren bunten Umzugswagen auf. Ein Kind sitzt in dem Karton, während der Wagen von seinem Partner langsam geschoben oder gezogen wird.

Faschingsparade

- **Bildungsbereich:** Sozial-emotionale Bildung
- **Alter:** ab 3 Jahre
- **Anzahl:** unbegrenzt
- **Ort:** drinnen
- **Material:** selbst gebaute Umzugswagen, Verkleidungen, Schminke, Rasseln, Trommeln, Bonbons, Digitalkamera

Veranstalten Sie zum Abschluss dieser Angebotsreihe eine Faschingsparade, bei der die Kinder verkleidet und geschminkt, laut trommelnd und rasselnd, tanzend und hüpfend in ihren Umzugswagen durch das Haus ziehen dürfen. Überlegen Sie gemeinsam, welche Route die Parade nehmen soll. Außerdem sollten die Kinder genügend Zuschauer einladen und ausreichend Bonbons vorrätig haben, die sie in die Menge werfen können.

Halten Sie die Faschingsparade mit einer Digitalkamera für eine spätere Fotocollage und einen Videofilm fest. So können die Kinder ihren Umzug immer wieder anschauen und aus einem anderen Blickwinkel betrachten.

Winteraustreiben

- **Bildungsbereich:** Sozial-emotionale Bildung
- **Alter:** ab 3 Jahre
- **Anzahl:** unbegrenzt
- **Ort:** drinnen
- **Material:** Verkleidungen, Schminke, Rasseln, Trommeln, Digitalkamera

Eine Bedeutung von den Faschingsfeiern liegt in den Winteraustreibungen. In vielen Regionen vertreiben lärmende Hexen, Teufel und Naturwesen die Wintergeister. Greifen Sie den Brauch auf und verändern sie ihn nach Ihren Vorstellungen. So könnten sich die Kinder als Hexen verkleiden und auf ihren Besen durch den Ort ziehen. Dabei machen sie mit ihren selbst gebauten Rasseln und Trommeln ordentlich viel Krach und rufen von Zeit zu Zeit folgenden Spruch:

Winter ade, Dein Weiterziehen tut uns nicht weh!
Kälte, Eis und Schneewehen, wollen wir jetzt nicht mehr sehen!

127

Service

Fachbücher

Regina Bestle-Körfer, Sabine Lohf, Annemarie Stollenwerk: Fantasiewerkstatt Winter. Mit Kindern spielen und gestalten. Christophorus Verlag, 2004.
Dagmar Binder, Susanne Riha: Wenn der Winter kommt. Patmos, 2002.
Sybille Günther: Helau, Alaaf und gute Stimmung. Ökotopia, 2003.
Sandra Hänsch, Gabriele Wensky: Das Weihnachts-Aktionsbuch. Herder, 2005.

Sachbücher

Björn Bergenholtz: Welches Tier lief denn hier? Franckh-Kosmos, 2003.
Ulrike Berger: Was Kinder wissen wollen. Frieren Pinguine an den Füßen? Verblüffende Antworten über Eis und Schnee. Velber, 2006.
Tommes und Holger Haag: Vögel im Winter bestimmen und richtig füttern. Coppenrath, 2006.
Anita van Saan: Tiere im Winter. Nature Scout. Moses Verlag, 2006.
Bernd Schulz: Gehölzbestimmung im Winter, Ulmer (Eugen), 1999.
Barbara Taylor, Geoff Brightling: Sehen. Staunen. Wissen. Arktis & Antarktis. Wie Pflanzen, Tiere und Menschen im ewigen Eis überleben. Gerstenberg, 2003.

Bilder- und Vorlesebücher

Elsa Beskow: Olles Reise zu König Winter. Urachhaus, 2007.
Bernette Ford, Sebastian Braun: Leise fällt der erste Schnee. Arena, 2005.
Eva-Maria Ott-Heidmann: Winter. Urachhaus, 2008.
Joan Steiner, Ogden Gigli: Ich sehe was, was du nicht siehst. Im Winter. Entdecke mehr als 1000 verborgene Alltagsgegenstände. Esslinger Verlag Schreiber, 2006.

Internetseiten

www.tiere-online.de/Wintertiere.htm/
www.baumkunde.de/baumbestimmung/nadelhoelzer/